Lb³. 20. (Reserve.)

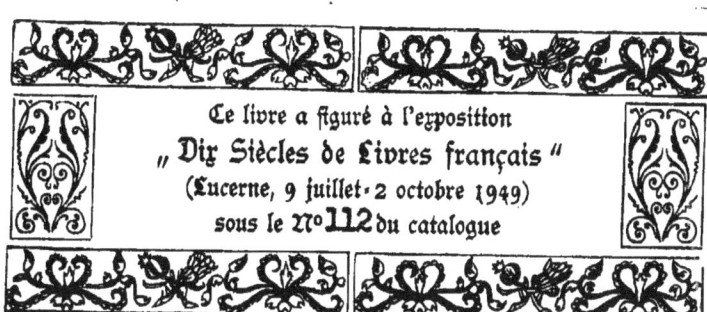

Ce livre a figuré à l'exposition
„Dix Siècles de Livres français"
(Lucerne, 9 juillet - 2 octobre 1949)
sous le N° 112 du catalogue

C'est l'ordre qui a este te-
NV A LA NOVVELLE ET IOYEVSE
entrée, que treshault, tresexcellét, & trespuissāt Prince, le Roy treschrestien Henry deuzieme de ce nom, à faicte en sa bonne ville & cité de Paris, capitale de son Royaume, le sezieme iour de Iuin M. D. XLIX.

IAQVES ROFFET

On les vend à Paris chez Iacques Roffet dict le Faulcheur, en la rue Geruais Laurés, à l'enseigne du soufflet pres saincte Croix en la cité.

PAR PRIVILEGE DV ROY.

HENRY par la grace de Dieu Roy de France, aux Preuost de Paris, senechal de Lion, & à tous noz autres iusticiers & officiers qu'il appartiẽdra, ou à leurs lieutenants salut & dilectiõ. scauoir uous faisons que nous inclinãt liberalemẽt à la supplication & requeste, qui faicte nous a esté de la part de nostre biẽ aimé Iaques Roffet, dit le Faulcheur, imprimeur iuré de nostre bõne uille & cité de Paris, à iceluy pour ces causes auons permis & octroyé, permettons & octroyõs de grace speciale, plaine puissance & auctorité Royale par ces presentes, qu'il seul puisse & luy loise imprimer & exposer en uẽte le traicté qui sera faict & cõposé de la ioyeuse & nouuelle entrée de nous, & de nostre treschere et tresaimée compagne la Royne, en nostre dicte uille & cité de Paris. Et ce durant le temps & terme d'un an durant, commenceant au iour & dacte de la premiere impression qui sera faicte dudict traicté, sans ce que pendant ledict temps d'un an autres imprimeurs que luy les puisse imprimer ne faire imprimer, uendre ne exposer en uente, en quelque maniere que ce soit. Si uoulons & uous mandons, & à chacun de uous, si comme à luy appartiendra, que de noz presens permission & octroy, & de tout le cõtenu cy dessus, uous faictes, souffrez & laissez ledict Roffet ioyr & user plainement & paisiblement. En faisant faire expresses inhibitiõs & deffences de par nous, sur certaines & grãdz peines à nous à appliquer, A tous libraires, imprimeurs, & autres qu'ils n'ayent à imprimer, ne faire imprimer ledict traicté, ne iceluy exposer & faire exposer en uente, comme dessus est dict. En procedant par uous cõtre ceulx qui seront trouuez faisans le contraire, cõme contre infracteurs de noz ordonnances & deffences, Car tel est nostre plaisir. Donné à Chantilly le dernier iour de Mars, L'an de grace Mil cinq cens quarante huict, & de nostre regne le deuxieme.

       Par le Roy.

         Duthier.

C'est l'ordre qui a este te-
NV A L'A NOVVELLE ET IOYEV-
se entrée, que treshault, tresexcellent, & trespuissant Prince le Roy Treschrestien Henry deuxieme de ce nom à faicte en sa bonne ville & cité de Paris, capitale de son Royaume, Le sezieme iour de Iuin M. D. XLIX.

ET PREMIEREMENT,

LES Preuost des marchãs & Escheuins de ladicte ville, ayans esté aduertiz par Mõseigneur de la Rochepot, Cheualier de l'ordre, & gouuerneur de l'isle de Frãce, que ledict Seigneur Roy treschrestien auoit deliberé faire son entrée en ladicte ville de Paris, & celle de treshaulte & tresillustre Dame Madame Catherine de Medicis son espouse, enuiron ledict mois de Iuin. Pour la sumptuosité & magnificence de ladicte entrée, & afin de faire clere & ouuerte demonstration de la ioye & liesse incroyable qu'ils receuoyent, de la nouuelle venue en ladicte ville de leur souuerain & naturel Seigneur, firent eriger & dresser aucuns arcs de triumphe, & autres manufactures, d'excellent artifice, subtile & louable inuention, tant à la porte de ladicte ville nommée la porte Sainct Denis, que au dedans dicelle ville, ainsi qu'il est cy apres escrit.

A ladicte porte sainct Denis, par laquelle ledict Seigneur entra fut fait vn auãt portail d'ouurage Tuscã & Dorique, dedié à la Force, pour faire entendre que dedans Paris consiste la principale force du Royaume. Et pour venir à la description de cest auãt portail, son diametre par terre estoit de douze piez en largeur, l'ouuerture de dixneuf de hault, sur huit de large, & de trois toises d'espoisseur. Aux deux costez des piles estoyent deux stilobates ou piedestalz de proportion diagonée, enrichiz de conuenables moulures, surquoy estoyẽt posez deux grãs Collosses d'hommes, vestuz à la rustique, portans treze piez en haulteur, mis en lieu de colonnes Persanes ou Cariatides. Leurs bases Doriques entierement couuertes d'or, cõme aussi estoyent leurs chapiteaux. Iceulx Colosses tenoyẽt entre leurs mains chacũ vn grand croissant d'argent, pour le moins de cinq piez en diametre, dedans lesquels estoit escrit en lettre Romaine noire, DONEC TOTVM IMPLEAT ORBEM, qui est la deuise du Roy.

Par dessoubs les panneaux de ioinct de la Rustique, terminans la circunferẽce de l'arc, passoyent l'architraue, la frize, & la cornice, dõt les extremitez se pouuoyẽt veoir dessus les chapiteaux. Dedãs le plat fons du frontispice estoit vn grãd escu aux armes de la ville, enrichy de deux branches de Palme, pour emplir le vuyde du tympan: & sur ce frontispice estoit leué vn sode, ou bien face quarrée painctede pierre de mixture, dedãs laquelle y auoit vn Cartoche à l'antique, soustenu par deux mannequins assis, & appuyans leurs gauches sur le glacis de la couronne d'iceluy frontispice. Et sur le champ de ce Cartoche couché de noir, estoit escrit en lettre d'or, TRAHIMVR, SEQVIMVRQVE VOLENTES. Hemistiche, certes, cõuenant

uenant merueilleusemét bien à quatre personnages, en profil, plus grans que le naturel, esleuez sur ce sode, vestuz seló leur qualité, assauoir vn en la maniere que l'on voit ordinairemét noz Euesques & Prelats, aussi representoit il l'Eglise: vn autre armé à l'antique, portant cymeterre au costé, signifiant Noblesse: le tiers vestu de robbe longue, denotát conseil: & le quart habillé en vigneron tenant vne houe en sa main, qui demóstroit labeur. Ces quatre faisoyent cóntenáce de marcher franchement, & à grans pas, les mains téduës deuers vn Hercules de Gaule estant de front au milieu deux, dont le visage se rapportoit singulierement bien à celuy du feu Roy Francois, Prince clemét en iustice, restaurateur des bons arts & sciences, mesmes plus eloquent que autre qui ait regné en Fráce deuát luy. C'est Hercules estoit vestu de la peau d'un Lyó, les pattes nouées sur l'extremité du buste pour cacher la partie que cómáde nature, & tout le reste du corps nu. En sa main dextre il tenoit en lieu de massue vne lance entortillée d'un serpét, recouuert d'un rameau de Laurier, signifiát que prudence en guerre est occasion de victoire. En la gauche tenoit son arc, & portoit en escharpe vne grosse trousse pleine de fleches. de sa bouche partoyent quatre chaisnettes, deux d'or, & deux d'argét, qui s'alloyét attacher aux oreilles des personnages dessus nommez: mais elles estoyent si tresláches, que chacun les pouuoit iuger ne seruir de contrainéte: ains qu'ils estoyent voluntairemét tirez par l'eloquence du nouuel Hercules, lequel a faiét fleurir en ce Royaume les lágues Hebraique, Grecque, Latine, & autres, beaucoup plus qu'elles n'ont iamais faiét par le passé. A la clef de c'est arc pédoit vn tableau à fons noir enrichy de ce quatrin escrit en lettres d'or.

a iii

Pour ma doulce eloquence & royale bonté,
Chacun prenoit plaisir à m'honorer & suyure:
Chacun voyant aussi mon successeur m'ensuyure,
L'honore & suit, contrainct de franche volunté.

Le berceau de c'est auant portail estoit par tout enrichi de grosses poinctes de diamant fainctes, qu'il faisoit merueilleusemét bon veoir, & ses flãcs reparez descussons aux armes du Roy & de la Royne, enuironnez de chapeauz de triumphe, qui auoyent bien fort bonne grace.

Au fons de ce berceau & droictement sur l'entrée de la ville, y auoit vn autre tableau de mesme facon & lettre que la precedente, ou ses mots estoyent escrits,
Ingredere, & magnos, aderit iam tempus, honores
Aggredere.

Mais pour ne plus tenir les lecteurs en suspens, & leur faire congnoistre toutes ces particularitez par tesmoignage oculaire il leur est presenté cy endroit la figure de c'est auant portail.

Au dedans de ladicte ville à la Fontaine du Ponceau, qui est en la rue Sainct Denis, y auoit vn autre spectacle veritablemēt singulier: c'estoyent trois Fortunes de relief beaucoup plus grandes que le naturel. La premiere d'or, la secōde d'argent, & la tierce de plōb, asises soubs vn Iupiter de dix piez en haulteur, planté sur vn globe celeste, tenant son bras droit cōtremont, & maniāt son fouldre sur la paulme de sa main, en cōtenance gracieuse, & toutesfois redoutable, tenāt en sa gauche son sceptre, pour demonstrer sa puissance au ciel, en la mer, en la terre, & aux abysmes.

Ceste premiere Fortune representoit celle du Roy, et du Royaume, à raison dequoy luy fut baillé tout expres vn gouuernail en dextre, pour donner à entendre que tout demeure soubs son gouuernemēt. De sō bras gauche elle embrassoit vne corne d'abondance, la gueulle tournée cōtre bas, d'ou sortoit pluye d'or, signifiāt que toutes manieres de richesses sont en la maiesté Royale.

La seconde estoit celle des nobles, armée en Amazone, tenant vne targue en sa senestre, & de sa droicte faisant monstre de tirer son espée hors du fourreau, pour donner à cōgnoistre qu'elle est tousiours appareillée à offendre ou deffendre, ainsi que le bon plaisir du Roy gouuerné par raison, est de le commander.

La tierce denotoit celle du peuple, & tenoit sa main droitte dessus son estomach, en signe de fidelité et d'innocence: en la gauhe portoit vn coultre de charue, & des aisles au doz, pour manifester à chacun sa diligence tousiours laborieuse. Vray est que les deux precedentes n'en auoyent point, pour donner à congnoistre leur
immobilité,

immobilité, & par especial de celle du Royaume, qui portoit en son mot en lettre d'or sur fons d'azur, appliqué en la frize du massif de la fontaine, REGNORVM SORS DIVA COMES.

Celuy de la seconde en mesme forme & reng estoit, SORS FIDA POTENTVM.

Et l'autre de la tierce continuant en pareille ligne & semblables caracteres, IMPIGRA IVSTAQVE SORS PLEBIS. Apres le Iupiter disoit, TIBI SCEPTRA IOVEMQVE CONCILIANT.

Et au pilastre Ionique canellé regnant dessus le reste des deux principales faces de l'hexagone, cõstituant l'edifice de la Fontaine, y pendoit vn autre tableau enrichy de ce quatrin.

Le grand Romain sa louange autorise,
Du sort fatal de sa prosperité:
Mais plus d'honneur a le Roy merité,
A qui sort triple & vn Dieu fauorise.

Quant aux autres ornemens de platte painĉture, accommodez aux faces de la massonnerie, & au d'oremét des moulures qui se monstroyent de bonne grace, n'en sera cy faiĉte mention, remettant aux lecteurs d'en faire iugement par la figure cy presente.

b

Passant oultre ladicte fontaine du Ponceau, & venāt deuant sainct Iacques de l'hospital, se trouuoit vn grād arc triumphal à deux faces, d'ordre Corinthien, conduict auecques toutes les proporcions & beautez artificieles qui appartiennent à tel ouurage. L'ouuerture auoit quatorze piez soubs vingtsix de hault, & les piles de deux costez en espoisseur ou profondeur comprenoyent trois toises de mesure: les piez d'estalts estoyent iustement d'un quarré parfect auec deux tiers, sur chacun desquels se releuoyent deux colónes de Corinthe, canelées & rudentées, qui portoyent vintgquatre piez en longueur, depuis l'empietement iusques au diametre d'enhault: leur renflement pris sur la tierce partie & demie de toute la tige mesurée en sept diuisions egales. Les bases faignoyent le marbre blanc, come en semblable faisoyent leurs chapiteaux, tant bien taillez & reuestuz de leurs fueilles d'acanthe ou branque vrsine, qu'ils sembloyt à la veue esblouyssante par trop les cō templer, qu'elles vndoyassent au vent. La rudenture de ces colonnes estoit expressement bronzée par si excellent artifice, que cestoit chose fort exquise. Dessus les chapiteaux regnoyent l'architraue, la frize, & la cornice, ou n'y auoit vn seul point à redire: mesmes cest architraue estoit perlé & billetté par si bonne industrie suyuāt la vraye antiquité, qu'aucun ouurier ou autre bō esprit entendant l'architecture, n'en eust sceu reporter que grand contentement. Quant a la frize son fons du costé de la porte sainct Denys, premierement subiect à la veue du Roy, estoit d'or: & les masques releuez auec les fleurons de dessus, aussi blācs que marbre poly, au moyen dequoy ils tenoyent en admiracion les yeulx de tous les regardans.

b ii

Dessus la clef de l'arc posoit vne Gaule couronnée de
de trois tours, pour representer ses parties, à scauoir l'A-
quitanique, la Belgique, & la Celtique, portant ses che-
ueulx espars sur ses espaules & monstrant vn regard
tant venerable entremesle de doulceur gracieuse, que
tout le monde en estoit resiouy.

Elle tenoit en ses mains des fruicts & fleurs de main-
te sorte de sa production, pour demonstrer l'heureuse
fertilité qui luy est ottroyée par le createur, telle & si
grande que toutes les nations prochaines & loingtai-
nes le peuuent assez tesmoingner.

Son accoustrement estoit d'un drap d'or azuré, tant
bien seant à sa facture que rien mieulx, & soubs ses piez
reposans dessus vne grosse poincte de dyamant, estoit
escrit en lettre noire sur le blanc,

GALLIA FERTILIS

Dessus le retour des cornices y auoit deux petiz enfans nuz, representans le marbre, couchez & acoudez
de bonne grace sur deux cornes d'abondance, pareillement remplies de tous fruictaiges, voulans denoter que
la Gaule est mere commune à tous peuples. Entre ces
deux figures se releuoit vng sode en lieu de frontispice,
dedãs lequel estoit escript en lettres d'or sur fons d'azur

Terra antiqua, potens armis, atque ubere glebæ,
Terna tibi populos Gallia mater alo.

Sur ce sode estoyét formez deux Anges pour le moins
de dix piez de hault: & toutesfois pour la haulteur du
lieu ou ils estoyent asfis, reuenoyent quasi en proportiõ
naturelle. Ils tenoyent de leurs mains droictes vn escu
de France

de France,au fons d'azur,à trois fleurs de lis d'or,taillez de relief. Cest escu estoit enuironné & enrichy d'un collier de l'ordre sainct Michel à double reg de coquilles, qui luy donnoyent vn singulierement beau lustre.

Les gauches de ces Anges esleuées portoyét vne couróne Imperiale pour vray timbre de cest escu,en signifiance que le Roy des François ne recongnoist aucun superieur en terre, ains est monarque en son pays, qu'il ne tient sinon de Dieu & de l'espée.

Telle estoit la premiere face de cest arc, dont l'entredeux des colonnes estoit garny des armoiries du Roy & de la Royne, mises en chapeaux de triomphe. Et sur les timpans entre la circonference du berceau & le plat fons de l'architraue, volletoyent par semblant deux Victoires d'or, tenans en leurs mains droictes chacune sa couronne de Laurier,& aux gaulches vn rameau de Palme. Puis dedans les piedestals y auoit deux tableaux à l'antique,pour la dedicasse de l'arc, adressans à la Gaule fertile, en l'un desquels estoit escrit en lettres d'or sur vn fons noir,

MATRI PIAE,& en l'autre POPVLORVM OMNIVM ALVMNAE S. D.

Le reste des piles estoit diapré de pierre de mixture, tant bien saincte du naturel,que l'œuure s'en monstroit admirable.

Voila en somme quele estoit la premiere face de cest Arc, duquel le fons du berceau fut paré d'un compartiment de moresque à grosses rosaces d'or,

b iij

auec les deuises & chiffres du Roy, les parquets reparez de festons de Lyerre qui donnoyent vn grand esgayement à toute la besongne.

Dedans les flancs y auoit deux quarrez de platte painctvre, veritablement faicte de main de maistre: en l'un desquels se uoyoit la representation du fleuue Seine portant courône de laurier. Il estoit demy couché, demy leué, sur des roseaulx aquatiques, & tenoit en l'une de ses mains vn auiron, pour monstrer qu'il est nauigable, & de l'autre s'accoudoit sur vne hydrie dont sortoit de l'eaue en abondance tele qu'il s'en faisoit vne grosse riuiere: sur les borts & terrouers de laquelle se voyent plusieurs nymphes ses filles, qui respandoyent leurs vases en son canal, à fin de la plus augméter. Le paisage se monstroit doulx & entremeslé: & les traicts menez par industrieuse perspectiue, abusoyent tellement la veue, qu'elle estimoit veoir bien loing en païs. Ce neantmoins la superficie en estoit toute vnie.

Le goulet de l'vrne de ce fleuue s'enuironnoit d'une pancarpe ou feston de tous fruicts, par especial de blez & de raisins, pour monstrer la fertilité prouenante de son cours.

En la platte bande ou ceincture regnant au niueau des moulures du pié d'estal, tout autour du massif, y auoit vn escriteau de lettres d'or, à fons d'azur contenant ces mots,

FOELIX SEQVANAE VBERTAS.

A l'autre

A l'autre flanc ou costé se monstroit vn pareil fleuue representát la riuiere de Marne, dont ie laisse la description: nonobstant que la figure ne cedast à la premiere, pour auoir esté faicte toute d'une mesme main: mais pour euiter prolixité, ce fleuue portoit pour sa deuise,

GRATA MATRONAE AMOENITAS.

En l'autre face de l'arc estant de semblable manufacture que la premiere, excepté que le fons de la frize estoit couché de blanc, & les masques auec les fleurons tresbié estoffez d'or, pour diuersifier la mode, sur la clef à l'opposite de la Gaule, seoit vn bon Euenement vestu d'un habit simple, tenát en sa main droicte vne couppe d'or, & en l'autre vne poignée d'espiz de blé suyuant la description des antiques. Dessoubs ses piez estoit escrit en lettre noire sur le blanc, ne plus ne moins que soubs la Gaule.

BONVS EVENTVS.

A ses deux costez sur les retours des cornices gisoyét aussi au côtredos des deux enfans, Flora & Pomona bié belles, accoudées Flora sur vn canistre plain de fleurs, tenant en main vn vray lis naturel, & Pomona dessus vne vrne propre à enroser iardins, maniant de bonne grace vne serpette commode à essarter les arbres.

En droicte ligne du grant escu de France, tenu par les deux Anges, comme dessus est dit, posoit sur le sode vn Zephyrus regardant deuers l'Eglise du sepulchre, & soufflant par deux trompes antiques contre Flora & Pomona, pour donner à entendre que la tresdoulce alaine de ce vent leur est singulierement proffitable. Dedans ledict sode y auoit deux vers latins aussi en lettre d'or, sur fons d'azur, de la teneur suyuante.

Quum tibi tot faueant foecunda numina terrae,
Adsum ego, & euentis cuncta secundo meis.

Et pource que en vn seul quatrin n'eust sceu estre cóprise la signification de ces deux faces, fut construit & mis soubs les piez de la Gaule un double tableau, dedás lequel furent escrits en lettres d'or sur vn fons noir ces vers qui ensuyuent,

L'antique Cybele gloire produict aux Dieux,
Et preste abondamment substance à la nature:
Moy Gaule, ie produy honneur & nouriture
Au Roy, à ses subiects, & hommes de tous lieux.
  Puis en l'autre y auoit,
Flore promet par son mari Zephyre
De fruicts & fleurs heureux euenement.
Le Roy promet par son aduenement
Le vray bon heur ou toute France aspire.

De la premiere face de cest Arc se peult veoir cy la figure, qui suffit assez pour la seconde, à raison que l'ourage est tout de mesme, mais non l'inuention des personnages faincts, qui semblent assez exprimez pour gens de bon entendement.

Deuát l'Eglise du Sepulchre qui est aussi en ladicte rue sainct Denys, y auoit vne merueilleuse aiguille trigonale, portant soixante dix piez en haulteur depuis son rez de chausée, non cóprins en ce l'empietement qui estoit dedans terre plus de sept piez en profond, la structure & composition de laquelle merite bié d'estre aucunement celebrée. A ceste cause ie dy que sur sondict rez de chaussée elle estoit circuye d'un stilobate ou piedestal de neuf piez & demy de hault, portant vingt en lógueur, sur toise & demie de large, painct en tous ses quatre costez de pierres fainctes de porphyre, iaspe, serpentine, & autres, que l'antiquité a grandement recommádées, & que nous tenons encores au iourd'huy en grád pris, à raison de leur naïue beauté, laquelle toutesfois n'empeschoit que ces faces ou costez ne feussent enrichiz des armes du Roy & de la Royne, enuironnez de chapeaux de triumphe, ensemble de Croissans, doubles HH, & autres chiffres de sa maiesté, qui diaproyent les brodures tout à l'entour, & augmentoyent grandemét la bonne grace de la besongne.

Dessus le plan de ce perron posoit la figure d'un animal d'Ethiopie nommé Rhinoceros, en couleur descorce de buys, armé d'escailles naturelles, ennemy mortel de l'elephant, & qui de faict le tue en singulier combat, nonobstant qu'il ne soit pas du tout si hault, mais bien egal en sa longueur. Chose que son ouurier ayant consideré, luy dóna dixhuit piez destendue, soubs vnze de montée. Et au milieu du dos luy appliqua vne bastine bien affermie de deux sangles, surquoy cest animal sembloit porter ce qui surmontoit de l'aiguille, laquelle estoit en toutes ces trois faces enrichie de compartimés dorez sur le fons de porphyre. Et en la principale y auoit vn grand quarré côtenant les veuz des Parisiés en hieroglyphes, que ie reciteray apres auoir prealablemét dit que tout au feste de ceste aiguille, sur vn globe doré, fut plantée vne Fráce de dix piez en haulteur, armée à l'antique, reuestue d'une togue Imperiale azurée & semée de fleurs de lis, faisant contenáce de remettre son espée au fourreau, comme victorieuse de plusieurs animaulx cruelz & sauuages, qui gisoyent detrenchez & morts dessoubs le ventre de ce Rhinoceron. A la verité on y pouoit veoir des lyons, des ours, des sangliers, des loups, des regnars & autres telles bestes rauissantes fouldroyées du triple fouldre partant du globe seruant de marchepié à ceste seconde Bellona, pour signifier aussi confirmation de veuz, & lequel estendoit ses flammes tout au long des faces du trigone sacré. Chose qu'il faisoit merueilleusement bon veoir: & encores qui est plus à considerer, ceste France auoit pour son mot, QVOS EGO, Puis pour la côsecration de l'aiguille en vn quarré estoit escrit de lettre d'or sur fons d'azur,

HENRICO II. REGI P. F. A. P. P.

ADVENTVS NOVI ERGO,
CIVES LVTETIANI VOVERVNT.
D. D. Q.
ANNO M. D. XXXXVIIII.

Au bas de l'aiguille pres le doz du Rhinoceró, estoit escrit en Grec, ΑΛΕΞΙΚΑΚΟΣ, qui vault autát à dire comme en domtant les monstres, ou mauuais.

Mais pour n'oublier les hieroglyphes, Premierement il y auoit vn lyon & vn chien de front, reposans chacun vn pié sur vne couronne de France Imperiale, estant au milieu d'eulx vn liure antique fermé à gros fermoirs, dedans le liure vne espée nue trauersante de bout en bout: vn serpent tortillé en forme de couleuure, vn croissant large, duquel les cornes reposoyent sur deux termes: vn globe sur marche d'un pié tiré du naturel, vne poupe de nauire & vn trident, vn oeil ouuert, vnes fasces consulaires, vn rond ou cercle, vn pauois, vne ancre de log, deux mains croisées sur des rameaux d'oliuier: vne corne d'abondance, dessus laquelle tomboit pluye d'or, vn cerf, vn d'aulphin, vne couronne de l'autier, vne lampe antique allumée, vn mors de cheual, & puis le timon d'un nauire, qui signifioyét en s'adressant au Roy, Force & vigilance puissent garder vostre Royaume: Par conseil, bonne expedition, & prudence soyent voz limites estenduz, si qu'à vous soit soubmise toute la ronde machine de la terre, & que dominez à la mer, ayant tousiours Dieu pour vengeur & deffenseur contre voz ennemys: par ferme paix & concorde, en affluence de tous biens longuement & sainement triumphateur, viuez, regissez & gouuernez.

En la premiere face du stilobate y auoit vn tableau placque, dedans lequel estoit escrit en lettre d'or, sur vn fons noir, ce quatrin disant en la personne de Fráce,

Longuement a vescu, & viura la memoire
D'Hercules, qui tant a de monstres surmontez:
Les peuples fiers & forts par moy France domtez
Furent, sont & seront ma perdurable gloire.

Telle estoit la dedication de ce trigone sacré à la maiesté Royale. Mais à fin que la figure supplie à ce qui pourroit auoir esté omis, elle est icy representée.

Plus oultre sur main droicte se trouuoit la fontaine sainct Innocent de nouueau rebastie d'un ouuraige singulier, enrichy de figures de Nymphes, fleuues & fontaines à demy taillé, ensemble de feuillaiges si artificiellement vndoyans & refenduz, qu'il n'est possible de l'exprimer en petit de parolles, parquoy en est laissé le iugement àceulx qui de present la peuuent veoir, & s'entendét en tels ouurages. Ladicte fõtaine estoit embellie dedãs euure de diuerses damoiselles & bourgeoises, auec plusieurs gentils hommes & citoyés de la ville, tant biẽ en ordre que cestoit toute beauté.

Peu de chemin apres se representoit deuát le Chastelet, en la place nómé l'Apport de Paris, vn autre spectacle de platte painctute, qui n'est pas à laisser en arriere.

C'estoit vn portique à la mode Ionique, proprement dipterique, c'est à dire garny d'ailes, ou double reng de colonnes, tant en sa principale rencõtre qu'en son fons, dont l'estendue estoit de six toises & demye en largeur, soubs cinq autres & demye de hault: lesdictes colónes glacées de toutes les pierres de meslange que la nature peult produire: & pour telle diuersité l'euure en estoit infiniemét plus beau. Leurs bases & chapiteaux representoyent le bronze selon la maniere de plusieurs antiques. Chose qui leur donnoit vn tresgrant ornement. Par dessus regnoyent l'architraue, la frize, & la cornice de proportion bien obseruée.

Dessus le plá de ce portique y auoit vne Lutece appellée par só inuétaire la nouuelle Pádora, vestue en Nymphe, les cheueux espars sur ses espaulles, & au demeurát
tressez

treffez à l'entour de fa tefte, d'une merueilleufement bonne grace: elle eftoit agenouillée fur vn genoil cóme pour faire honneur au Roy à fa reception, & faifant contenance d'ouurir de l'une de fes mains vn vafe antique feulement remply de tous les heureux prefens des puiffances celeftes, non des infortunez, mis iadis en celuy de la facture de Vulcan, & tenant lautre main leuée en l'air, comme pour rendre la maiefté Royale atentiue à fon dire, qui eftoit vn quatrin efcrit en lettre d'or fur vn fons noir contenant ces parolles:

Iadis chacun des Dieux feit vn double prefent
A la fille Vulcan qui s'en nomma Pandore.
Mais, Sire, chacun d'eulx de tous biens me decore:
Et puis qu'à uous ie fuis, tout eft voftre à prefent.

Ce tableau eftoit affiché contre deux colonnes pofantes fur le plan d'un efcallier, par ou l'on euft penfé monter audit portique, tant il eftoit bien ordonné, & les traicts naiuement menez par induftrie: mefmes le iour & l'ombre en furent fi bien touchez à limitation du naturel, qu'il n'eft pas poffible de mieulx. Et quát à la maffonnerie releuée fur ledict plan, il n'y auoit coing de bafe, n'y de chapiteau qui ne fe rapportaft au vray poinct du milieu, au moyen dequoy fe réfondroyent & releuoyent les membres par fi grande apparence, que mefmes plufieurs ouuriers expers euffent iugé qu'il y auoit grande feparation entre la figure & le baftiment, en la frize duquel eftoit efcrit en lettre d'or fur fons d'azur,

SOSPES TE SOSPITE VIVAM.

Et en vn tableau fainct de relief au deſſus de la teſte de ceſte Pandora, y auoit auſsi eſcrit en lettre d'or,

LVTETIA NOVA PANDORA.

Aux colonnes de ce portique, pendoyent de beaux feſtons de verdure, ou eſtoyent attachées les armes du Roy, & de la Royne, enuironnées de chapeaux de triumphe, dont la diſpoſitiō du fueillage emulateur de la nature, donnoit vn ſouuerain plaiſir à tous. Et encores pour mieulx perſuader que tout l'ouurage eſtoit maſſif, celuy qui en feit l'ordonnáce, dreſſa au deſſus de la cornice vne gallerie hypæthrique, ou à deſcouuert, perſée à iour, laquelle mettoit beaucoup de gens en doubte, à raiſon qu'ils pouuoyent veoir l'air commun par à trauers. Choſe qui grandement aidoit à l'artifice, dont le deſſeing eſtoit ſemblable à ceſte monſtre.

L'ENTREE DV ROY.

Au bout du Pont nostre Dame estoit vn arc triumphal de l'ordre composé, contenant quatre toises de large, en ce compris les piles, dont l'ouuerture du milieu auoit vnze piez de diametre, soubs vingtdeux de hault, & vne bonne toise despoisseur. Le berceau en fut enrichy d'un compartimēt d'argēt embouty sur fons noir, qui sont les couleurs Royales, lesquelles luy donnerēt grand lustre.

Dessus la circunference du demy rond, regnoit vn architraue auec sa frize, aorné de groz bouillons de fleurs, & sa cornice de moulures conuenables à sa mode, sur le plan de laquelle estoit dressé vng plinthe bas, respódant à plomb du nu de l'arc, ou se pouuoit veoir debout vn Typhis de dix piez en stature, dont la figure approchoit bien fort de celle du Roy triumphateur, & tout le residu bien formé, ayant pour couurir la partie secrette vn flocart de lierre ceinct au dessus de ses hanches.

En ses deux mains il tenoit vn grand mast de nauire, garny de hune & d'un grand voile de taffetas rayé d'argēt. A sa dextre y auoit vn Castor argenté, & à sa senestre vn Pollux tout noir, plus grans que le naturel, & toutesfois semblans petiz au pres de la grande corpulence de leur pilotte. Le Castor tenoit en l'une de ses mains vne grande estoile noire, & le Pollux vne d'argent, pour designer l'immortalité ou renouuellement de vie: & aux deux autres tenoyent chascun son ancre, signifians asseurance en nauigation.

Dedans quatre niches faicts expres, a scauoir deux de
chacun

chacun costé contre la principale face de cest arc, & encauez iusques à la septieme partie de son massif, y auoit quatre des plus fameux Argonautes vestuz à l'antique, & garniz de leurs auirons, chacun faisant contenance diuerse, dont les noms estoyens Telamon & Peleus, auec Hercules & Hylas.

Puis en l'autre face y en auoit vn pareil nombre de platte painčture, tant bien designez & mis en couleur, qu'ils ne cedoyent à ceulx de relief, cestoyent Theseus & Pyritous auec Zetus & Calaïs. Tous lesquels pour estre de nation gregoise, disoyent à leur Typhis apres Homere,

ΗΜΕΙΣ ΕΜΜΕΜΑΩΤΕΣ ΑΜ'ΕΥΟΜΕΘΑ.

Qui signifie, Nous desireux & prompts te voulons suyure ensemble. Ce mot estoit en la circóference de l'arc, en caracteres conuenables à la langue.

Contre les flancz, tant d'un costé que d'autre, y auoit deux tableaux, en l'un desquels estát à la main droicte, on pouoit veoir Phryxus consacrant au dieu Mars la toison d'or de son mouton, sur quoy il auoit trauersé le Bosphore de Thrace, ou sa sœur Hellé se noya, laissant son nom à ceste mer, qui deslors iusques à present en a esté dicte Hellesponte. Sur ce Phryxus estoit son nom escrit en lettre d'or, & soubs ses piez,

QVOD MARTI PHRYXVS SACRAVERAT.

En l'autre y auoit vn Iason rauissant ladicte peau d'or & emmenant Medée. Au bas duquel estoit aussi escrit

d ii

pour respondre au premier, ABSTVLIT ARTE AESONIDES. Puis en s'adressant au Roy, TV MARTE FERES. Et dedans le plinthe soubs les piez du Typhis se pouoit lire en lettre d'or, sur fons d'azur ce vers de Virgile disant,

Alter erit iam Typhis, & altera quæ uehat Argo
Delectos heroas.

Pareillement au milieu de cest arc y pendoit vn cartoche garny de ce quatrin,

Par lantique Typhis Argo fut gouuernée,
Pour aller conquerir d'or la riche toison:
Et par vous Roy prudent à semblable raison,
Sera nostre grand nef heureusement menée.

Cela estoit dict au Roy, pour autant qu'il est gouuerneur de la nef de Paris, nō inferieure à l'anciéne Argo. Quant aux autres particularitez de ceste architecture, la figure cy apres mise y satisfera.

Ce pont noſtre Dame a enuirõ ſoixante quinze toi-ſes de long, & en chacun de ſes coſtez ſont ſituées tré-te quatre maiſons toutes marquées de lettres d'or, ſur fons rouge, par nombre entreſuyuant depuis la premie re iuſques à la derniere: ſur les diuiſions deſquelles au ſecond eſtage y auoit des Sereines de boſſe plus gran-des que le naturel, belles par excellence, qui hauſſoyent leurs bras contremont, & en chacune main tenoyent un feſton de lierre montant par deſſus le tiers eſtage, dont ſe faiſoit vn cõpartimét ſingulier, lequel couuroit le pont tant de long que de large, & en eſtoyent les en-trelaz enrichiz des deuiſes du Roy, ſcauoir eſt de dou-bles HH d'or, ſur fons d'azur, de Croiſſans d'argent, ſur fons noir, de fouldres, & arcs à corde rompue, couchez ſur vn plat fons, dont les extremitez faictes en demy rond, eſtoyent garnies de teſtes de Meduſe, criã-tes par ſemblãt à bouche ouuerte, & treſſées en lieu de cheüeulx de petiz ſerpenteaux, couchez de verd de ter-re, tortillez en façon de neu ſur le ſommet de chacune des teſtes, ainſi qu'a ſuffiſance lexprime la figure.

A l'autre bout dudict pont se trouuoit vn second arc estāt de semblable ordre & artifice que le premier, mais different de figures & inuention. A la face du dedās euure qui se presentoit en veue la premiere, y auoit contre les piles quatre niches faincts de platte paincture, dedans chacun desquels estoit planté de bōne grace vn demydieu, ou demydeesse, des plus renōmez de l'antiquité, singulieremēt en l'exercice d'archerie. Ceulx la estoyent Calisto & Archas, auec Croton & Pandarus, tant bien exprimez au naturel, que l'on ne se pouoit as souuir de les regarder: leurs noms estoyent escrits dessoubs leurs piez, & en la face principale, que les passans auec sa maiesté n'eussent sceu veoir sans tourner les visaiges en arriere. Se trouuoyent ordonnez dans le massif quatre autres niches remplīz de pareil nombre de figures de relief, chacune representant son dieu, demy dieu, ou deesse, dont les noms furent, Genius Principis, beau & ieune, comme de dixhuit ans, mais fort ap prochant l'effigie du Roy: Iris messagere de Iuno, & les deux Cupidons, l'un grand sans bādeau & sans ailes ainsi que Platon le descrit, & l'autre petit, aueugle, en la forme que les painctres ordinairement le nous presentent, lesquels tenoyent aussi chacun son arc au poing comme prests à le bāder, & en tirer pour le seruice du Roy triumphateur: acte que faisoyent pareille mēt vn Phœbus & vne Phœbé, l'un d'or & l'autre d'ar gent de dix piez en haulteur, plantez dessus le plinthe, posé sur la cornice, ne plus ne moins que le Typhis, & ses collateraux dessus l'arc precedent, appuyans chacun l'une de ses mains sur vn globe terrestre estant au milieu d'eux, & disans à la maiesté Royale le distique escrit en lettre d'or, à fons d'azur, en la maistresse face

de ce

de ce plinthe.

Vnde orimur terris, terris ubi condimur iisdem,
Hic regni duplex terminus esto tui.

A l'entour de la circuference du berceau y auoit pour tous ces archiers, escrit en lettre noire sur fons blãc, AR TI PRAETENDIMVS ARCVM. Mesmes dãs le cartoche pendãt à plõb de son centre, pour denoter l'intention de l'inuenteur y auoit ce quatrin escrit:

Sire, croyez puis que de si bon cueur
Pour vostre nom perpetuer se bande
De demy dieux & dieux ceste grand bande,
Que des vainqueurs vous serez le vainqueur.

Dedãs les flãcs du susdict arc y auoit des tableaux, en l'un desquels se pouoit veoir vne Aurora de visage vermeil, couronnée de roses, vestue en Nymphe, assise sur des nues obscures que les rayõs du soleil Oriẽt faisoyẽt peu à peu disparoir parmy la spatiosité de l'air. Elle estoit du bras gauche accoudée sur vne teste de beuf seiche, pour denoter le retour au labeur: & tenoit en sa maí droitte vne lampe allumée, signifiãt la lumiere du iour approchante de nostre hemisphere. Dessus sa teste estoit son nom escrit en lettre d'or, & soubs ses piez,

A M● ●RINCIPIVM.

A l'autre flã● ●oit vn Hesperus, pareillemẽt assis sur des tourbillõs de n●ages engrossissãs par les vapeurs terrestres, luy portãt la face endormie tournée cõtrebas, la perruque noire & pẽdãte, mesmes tenãt ses bras croisez sur son girõ, cóme ne demãdãt que le repos. Sõ accoustremẽt estoit aussi rougeastre, couuert d'ũ mãteau noir semé d'estoilles peu apparoissantes, excepté vne qui rẽdoit grãd clarté. Il auoit semblablemẽt son nom dessus sa teste, & soubs ses piez ce mot, MIHI DESINET.

e

choses qui auoyent esté faictes expres, à fin de ne laisser muser le peuple en vain, deuāt ny apres l'entrée dudict Seigneur Roy. Voyla en somme quel fut l'artifice, inuention & intelligence des dessusdicts ouurages, reste à venir au faict & ordre de ladicte entrée.

LE SEZIEME iour dudict mois de Iuin, le Roy arriua enuirō les huit heures du matin, au Prieuré sainct Ladre lez Paris, ou luy auoit esté dressé vn eschauffault tenāt au logis du Prieur dudict sainct Ladre, pour y ouir & receuoir les harengues & salutations qui luy seroyent faictes de la part de ceulx de ladicte ville, & pour garder que en cela ny eust presse ne cōfusion, & que ceulx qui seroyēt montez sur ledict eschauffault pour leffect que dessus, ne nuisissent aux autres qui les suiuroyēt, l'on y feit deux escaliers, l'un qui seruit à mōter, & l'autre à descēdre. & fut ledict eschauffault couuert de riche tapisserie, & au milieu d'iceluy tēdu vn dez soubs lequel se posa la chaize dudict Seigneur, couuert d'un riche tapiz de veloux pers, semé de fleurs de lis de fil d'or traict, pour y seoir ledict Seigneur.

Vne bōne heure & demye ou enuirō apres sō arriuée audict lieu, cōmencerēt à marcher au deuāt de sa maiesté les quatre ordres médiānes, & suyuant eulx les Eglises.

Apres suyuit l'Vniuersité de Paris, au mesme habit & ordre qu'elle a tousiours fait de bonne & anciéne coustume es autres entrées des Roys.

Ceulx la passez vint le corps de la ville en l'ordre & equipage cy declaré, à sçauoir de deux à trois mil hommes de mes de pié, choisiz & esleuz des dixsept mestiers de ladicte ville, cõduicts par leurs capitaines & lieutenãs, leurs enseignes au milieu, tous brauemẽt accoustrez des couleurs du Roy & de la Royne, les aucuns armez de corcelets & morrions la plusart dorez & grauez, portãs vne partie hacquebuttes, & les autres piques & hallebardes, acompagnez de phiffres & tabourins en bon nombre, selon qu'il est de coustume entre gẽs de guerre tels qu'ils se monstroyent.

Suyuans ceulx la, marcherent les Imprimeurs tous habillez de noir ayans plumes blãches, & equippez en gẽs de guerre, lesquels estoyent en nombre de trois cens cinquãte ou enuiron: la plusart portans animes, corseletz, morrions dorez & enrichiz, & les autres maillez, estans cõduictz de leurs capitaine, lieutenãt, & cap d'esquadre dudict estat, richement armez. Marchans trois à trois, leur enseigne de blãc, noir, & incarnat au milieu, lesquelz faisoit bon veoir.

Apres suyuoyent les menuz officiers de ville à pié, iusques au nõbre de cent cinquãte, reuestuz de robbes myparties de drap rouge & bleu, les chausses de mesme, portãs chacun vn baston blãc au poing, & estoyẽt conduicts par deux sergẽs de ladicte ville à cheual, habillez cõme eulx, sinon que pour la difference ils auoyent d'auãtage sur les mãches gauches de leurs robbes, chacun vn nauire d'argent, qui sont les armoiries de la ville.

A leur doz marcherent à cheual les cent archers de ladicte ville, habillez de leurs hocquetons d'orfeurerie aux armes d'icelle ville, ayans la plusart les manches &

e ii

bas de leurs fayes de veloux couuerts & enrichiz de broderie & boutons d'or, marchás deux à deux, & deuant eux trois trompettes, leurs capitaine, guidon & enseigne, & auoyent chacun la pertuisane en la main.

Les six vingts haquebutiers vindrét apres en mesme ordonnance & parure, garniz chacun de sa haquebute à l'arson de sa selle & du feu en la main.

A leur queue les soixante arbalestiers en semblable ordonnance & habits, portans aussi comme les archiers vne pertuisane au poing.

Ces trois compagnies passées, se móstrerét six vingts ieunes hommes, enfans des principaux marchans & bourgeois de ladicte ville códuicts par leurs capitaine, lieutenant, enseigne, & guidon, habillez de sayes à demy manches de veloux noir, recouuert de broderie à fueillages & deuises de fil d'or & d'argent, le vuide de leurs accoustremés remply de pierreries, perles, fers & boutons d'or. Ceulx de leur troupe estoyent parez de mesme, & oultre la braueté de leurs accoustremens dont la valleur en estoit bien fort grande, ilz estoyent couuerts de chemises de maille auec morrions en teste la pluspart d'argent, & les autres richemét dorez & labourez, tous garniz de grans pennaches des couleurs du Roy & de la Royne, & qui n'est à omettre, n'y auoit vn seul d'eulx qui ne fust monté sur vn cheual d'Espagne ou autre braue cheual de seruice, capperassonné de semblable parure que son saye, le cháfrain fourny de pénaches de pareille couleur que celuy de son morrion, comme on peult veoir en la figure qui s'ensuyt.

Ceste cōpagnie fut suyuie par les maistres des euures de charpéterie & massōnerie, auec le capitaine de l'artillerie de Paris, & vne troupe de sergés fort biē habillez.

Apres eulx marcha maistre Claude Guiot, conseiller, notaire, secretaire du Roy, & cōtrerolleur de l'audiéce de la Chācellerie de France, lors Preuost des marchans de la ville, habillé de robbe mypartie de veloux cramoysi brun, & veloux tanné, & de saye de satin cramoysi, monté sur vne mulle enharnachée d'un harnois de veloux noir frāgé d'or, la housse bādée à grādes bādes trainātes en terre, ayant à costé de luy le plus ancien Escheuin de ladicte ville, & à sa suitte les autres Escheuins & le greffier, habillez de pareilles robbes. Le procureur de leur congregatiō estoit apres, paré d'une robbe toute de veloux cramoysi rouge, & suyuant luy les seize conseilliers dicelle ville, habillez de robbes longues de satin noir, doublées de veloux noir, marchans tous deux à deux.

Les dessusdicts auoyēt à leur queue seize Quartiniers de ladicte ville portās robbes de satin tāné, & à leur doz les maistres iurez des mestiers, à scauoir quatre gardes de la draperie, vestuz de robbes de veloux noir: quatre espiciers, de veloux tanné : quatre merciers, de ueloux violet: quatre pelletiers, de robbes de veloux pers fourrez de loups ceruiers: quatre bōnetiers, de veloux tāné, & quatre orfeures, de veloux cramoysi. & estoyent lesdicts iurez à l'aller suyuiz d'un grand nombre des principaux desdicts mestiers habillez diuersement, mais au retour ils porterent le poisle & ciel de parement sur la Maiesté du Roy, chacun à son tour, ainsi qu'il sera declaré cy apres.

Ceulx la passez, vint le Chevalier du guet avec son guidon, ses lieutenāt & sergés du guet tous à cheual, habillez de leurs hocquetons d'orfeurerie à leurs deuises accoustumées, qui est vne estoile sur le deuant & derriere de leursdicts hocquetōs, portans chacun vne pertuisane en la main.

Suyuant eulx les vnze vingts sergens à pié, en bonne ordonnance, diuersement & richement accoustrez.

Apres eulx les quatre sergens fiefez, à cheual.

A leur queue les notaires, habillez de robbes lōgues noires, & de sayes de veloux ou satin, & suyuāt eulx les commissaires du Chastellet en mesme parure.

Apres les sergens de la douzaine, à cheual habillez de hocquetons d'orfeurerie à la deuise du Roy, qui est vn croissant couronné.

Tous les dessusdicts passez, vint le Preuost dudict Paris brauement armé, & habillé de saye de drap d'or, enrichy de canetilles & cordōs d'or, les bardes de son cheual de mesme, & auoit deuant luy ses deux pages habillez de sayes de veloux tanné, faicts à broderie, son escuyer au milieu, tous montez sur cheuaux d'Espagne.

Ledict Preuost estoit suyui des trois lieutenās, ciuil, criminel, & particulier, & des aduocats & procureurs du Roy audict Chastelet, portans robbes descarlatte, & dessus chapperons de drap noir à longue cornette, & suyuant eulx des Conseillers, & apres lesdicts Conseillers, les plus notables Aduocats & procureurs audict Chastelet.

Apres eulx se trouuerent les sergés à cheual, leur enseigne & guidõ deuãt eulx, habillez de cazaquins de veloux, ayãs l'une des mãches aux couleurs, deuises, & chiffres du Roy, tenans chacun la pertuisane en main.

Le corps de la ville passé en la sorte & ordonnance que dessus, quelque peu de temps entredeux les gens de Iustice commencerent à marcher.

ET premierement les Generaux des mónoyes, leurs quatre huissiers allans deuãt, & apres lesdicts huissiers leur greffier. Le President desdicts generaux estoit habillé de robbe de satin noir, & lesdicts Generaulx de robbes de damas, & a leur queue auoyent les officiers de la monnoye & les changeurs.

Suyuant eulx furent les Generaulx de la Iustice des aides, precedez par leurs huissiers, & leur greffier habillé de robbe d'escarlatte, auec son chapperõ de drap noir à lõgue cornette. Les deux Presidens estoyét parez de robbes longues de veloux noir, & les Generaulx & Conseillers desdicts aides, de robbes descarlatte, portãs aussi dessus leurs chapperõs de drap noir à lõgue cornette, & auoyét à leur queue les Esleuz des aides & tailles en l'election de ladicte ville, reuestuz de robbes de damas.

Messieurs de la chambre des comptes vindrét consecutiuement, ayans leurs huissiers deuant eulx: & suyuãt lesdicts huissiers leurs deux greffiers habillez de robbes de damas. Les presidens de ladicte chambre estoyét reuestuz de robbes de veloux noir. Et les Maistres & auditeurs des comptes, de robbes de satin & damas.

Messeigneurs

Messeigneurs de la court de Parlement souueraine de ce Royaume, marcherét apresen leur ordre accoustumé, leurs huissiers deuát eulx. Et suyuát lesdicts huissiers les quatre notaires & greffier criminel & des presentations de ladicte court, vestuz de robbes descarlatte. Le greffier ciuil apres eulx seul portant sa chappe fourrée de menu ver. Apres luy & deuant les Presidens de ladicte court, le premier huisfier aussi seul habillé descarlatte, son mortier de drap d'or en la teste, fourré de menu ver espuré.

Les quatre Presidens estoyent reuestuz de leurs chappes descarlatte, leurs mortiers en la teste en la maniere accoustumée : Ayant Monsieur le premier President sur lespaule gauche de sa chappe, trois petites bandes de toille d'or pour la difference des autres presidens.

A leur queue estoyent les Cóseillers tant laiz que ecclesiastiques, auec les deux Aduocats, & au milieu d'eulx le Procureur general, tous portans robbes descarlatte, leurs chaperons de mesme fourrez de menu ver.

A mesure que tous les dessusdicts paruindrét au lieu de sainct Ladre, ils trouuerent le Roy sur l'eschauffault qui auoit esté dressé, accompagné des Princes, Cheualiers de son ordre, & autres grans seigneurs qui seront cy apres nommez, & mesmement à ses deux costez Messeigneurs les Connestable & Chácelier de France. Et apres luy auoir faict la reuerence, & ainsi qu'il est de coustume, faict proposer par les principaux d'entre eulx leurs harengues, & mesmes le Preuost des marchans presenté audict Seigneur les clefz de ladicte ville, ils s'en retournerent au mesme ordre quils en estoyent partiz,

f

reserué Monseigneur le Preuost de Paris qui demeura auec le Roy, & marcha en la troupe des gentils hommes de la chãbre, ensemble aussi quelques vns de Messieurs des aides, des comptes, & de la court de Parlemēt, lesquels cheminãs par la rue sainct Denys, se retirerent és maisons de leurs parés & amys, pour veoir auec plus de commodité ladicte entrée.

Les dessusdicts retournez cõme dessus est recité, le Roy fut salué par ladicte ville, de trois cens cinquante pieces d'artillerie, & peu de temps apres commencerent à marcher ceulx qui estoyent de sa suyte & compagnie.

Premierement Messeigneurs les Maistres des Requestes, habillez de robbes de veloux noir, ayans deuãt eulx les deux maistres d'hostel de Mõseigneur le Chãcelier, reuestuz de robbes de damas, bãdées à grãdes bãdes de veloux faictes à broderie. Suyuant lesdicts Maistres des Requestes, estoyēt les deux huyssiers de la Chancelerie, portãs robbes de veloux cramoysi violet, & leurs masses au poing. A leur doz les Audiencier de Frãce & cõmis du Contrerolleur de l'audience, à raison que pour lors ledict Cõtrerolleur estoit Preuost des marchans, parez de robbes de veloux noir, & puis estoit le Seel du Roy en son coffret, couuert d'un grand crespe, posé sur vn coissin de veloux pers, semé de fleurs de lis d'or, porté par vne hacquenée blãche couuerte d'une housse de veloux pers, aussi semée de fleurs de lis d'or trainãt iusques en terre. Ladicte hacquenée estoit menée par deux laquetz de Mõseigneur le Chãcellier, habillez de pourpoints & chausses de veloux cramoysi, & costoyée par les quatre Chauffecires, reuestuz de robbes de veloux

cramoysi,

cramoyſi, qui portoyent les courroyes dudict ſeau, ayãs eulx & leſdicts laquaiz les teſtes nues.

Suyuãt iceluy Seel marchoit Mõdict Seigneur le Chã cellier, veſtu de robbe de drap dor frizé ſur champ cramoyſi, monté ſur ſa mulle, enharnachée d'un harnois de veloux cramoyſi brun, frãgé d'or, & couuert de boucles d'or, la houſſe de meſme parure, ayant à ſes deux coſtez quatre laquaiz habillez comme les deux precedens. Apres luy eſtoit l'vn de ſes Eſcuyers, auec l'un de ſes Secretaires, portans robbes de damas.

Mondict Seigneur le Chãcellier paſſé en l'ordre que deſſus, ſuyuit Berthelot l'un des Preuoſts des mareſchaux de France, au gouuernement de Champagne & Brie, auec ſes lieutenans, greffiers & archiers.

Apres vindrent les pages des Gentils hommes ſeruans du Roy, & à leur queue ceulx des Gentils hommes de la chambre, Capitaines, Contes, & autres grans Seigneurs, & penſionnaires meſlez enſemble : & puis des Cheualiers de l'ordre, & ſuyuant eulx, des Mareſchaulx & Conneſtable de France, enſemble des Princes eſtans auec le Roy, montez ſur courſiers, rouſſins, cheuaux Turcs, & d'Eſpaigne, portans en leurs teſtes les vns les armets, & aux mains les lances de leurs maiſtres, garnyes au bout de banderolles aux couleurs du Roy, & les armets de grans & riches pennaches. Les autres portoyẽt morriõs fourniz de meſme, auec leurs rõdelles & corſeſques. Leſdicts cheuaux eſtoyent brauement & richement enharnachez, vne partie bardez,

f ij

& l'autre caparaſſonnez, mais tous de diuerſes ſortes, ſe rapportans toutesfois la pluſpart aux habillemés des pages qui les cheuaulchoyent, qui eſtoyent aux vns de drap d'or, aux autres de drap d'argent, & veloux de diuerſes couleurs, brochez d'or, ou faicts à broderie, aux couleurs & deuiſes de leurſdicts maiſtres, & tous ſi proprement & de ſi bonne grace, qu'ils ne donnerét moins d'admiration que de plaiſir & contentement aux yeulx de tous ceulx qui les veirent.

A leur queue marcherent les deux Preuoſtz de l'hoſtel, auec leurs lieutenans & procureurs du Roy, leurs greffiers, & tous leurs archers, veſtuz de leurs hocquetons d'orfeurerie à la deuiſe du Roy, qui eſt vn croiſſant couronné, ayant vne eſpée au milieu, pour la difference des autres archers de la garde dudict Seigneur, & auoyét leſdicts archers chacun la pertuiſanne au poing.

Ceulx la paſſez vindrent pluſieurs ieunes gentils hómes & ſeigneurs, habillez de draps d'or & d'argent, chacun à ſa deuiſe: & à leur queue les gentils hommes ſeruans, armez de riches harnois d'hommes d'armes, veſtuz par deſſus de ſayes de veloux noir, couuerts de broderie à fueillages de toille d'argent, & leurs cheuaux bardez de meſmes.

Apres eulx les Gentils hommes de la chambre, auſsi armez & parez de ſayes de toille d'argent, enrichiz de broderie à fueillages de veloux noir, & parmy eulx pluſieurs Contes, Capitaines, & autres grans ſeigneurs & perſonnages, auſsi armez & richement habillez. Et fait icy à noter que le Sieur de Chemault Preuoſt de l'ordre &

dre & maistre des ceremonies, ayant à l'entrée de la ville disposé chacun selon son ordre, estant suyui de dix archers de la garde alloit ca & la, pour faire entretenir & garder ledict ordre.

Suyuant les dessusdicts Seigneurs, Capitaines, & Gentils hommes, vindrent les Cheualiers de l'ordre, portans leurs grans ordres au col, aussi armez & diuersement acoustrez: mais tous les dessusdicts Gentils hommes, Cótes, Capitaines, & Cheualiers, auec telle brauté & richesse tant en harnois, accoustremens, que chapeaux, la plus part couuerts de pierreries, que pource que la chose seroit par trop longue & difficile à representer cy par le menu, ie me contenteray de dire qu'il eust esté bien malaisé d'y pouoir rien adiouster, soit de valeur ou d'inuention, & aussi peu aux harnois & pennaches de leurs cheuaux, mesmes aux bardes qui toutes se rapportoyent aux habillemés des seigneurs estans dessus.

Les deuant nommez furent suyuiz des cent Suysses de la garde, vestuz de pourpoints & chausses escartellées, moitié de toile d'argent, & moitié de veloux noir, leurs bonnets couuerts de grans pennaches à leur mode, aux couleurs du Roy, & furent conduicts par Móseigneur de la Marche filz aisné de Móseigneur le Mareschal de la Marche capitaine desdicts cent Suysses, lequel tenoit le lieu de sondict pere, & estoit habillé à la façon desdicts Suysses, de pourpoint & chausses de toile d'argent. Apres luy estoit le Lieutenāt d'iceulx Suysses, reuestu de mesme parure, le page dudict Seigneur de la Marche portant semblable accoustrement que

f iii

lesdicts Suysses, menoit deuant luy son petit cheual ioliement enharnaché, & tenoit en sa main les esperons de son maistre.

Ceste bende passée en fort bon ordre, ainsi qu'il leur est de coustume, vindrét à cheual les Phiffres & Trompettes du Roy, sonnans de leurs instrumens, habillez de sayes de veloux noir, bandez à grandes bandes larges de toile d'argent.

Suyuant eulx les Heraux & leurs poursuyuans, vestuz de leurs cottes d'armes.

Apres treze pages d'honneur, montez sur treze cheuaux du Roy, diuersement & tresrichement enharnachez. Lesdicts pages habillez de pourpoints, & haults de chausses de satin blāc decouppé, & de sayes à demies māches, de veloux blanc, couuerts de broderies de cordons d'argent, les bonnets de veloux blanc, garniz de plumes blanches. lesdicts pages estoyent sans esperons, & auoyét les pallefreniers & mareschaux de l'escuyrie à costé d'eulx, vestuz de chamarres de damas blanc, & haults bonnetz de mesmes. & fault noter que les deux derniers pages estoyent montez sur deux Turcs blancs, caperassonnez de mesme l'habillemét du Roy, l'un portāt son morrion, de pareille façō que son harnois, auec vne rondelle delicatement labourée & grauée d'or brazé dessus, sa corsesque en la main, & l'autre l'armet aussi de mesme facon, l'un & l'autre garniz de grans pennaches enrichiz d'or.

A leur queue estoit le Sieur de Carnaualet, l'un des
Escuyers

Escuyers d'Escuyrie, môté sur l'ũ des cheuaux du Roy, portant deuant luy le manteau Royal.

Apres luy le Seigneur de Sipierre, qui portoit le chapeau Royal.

Le Seigneur de Genli le troisieme auec les gátelets.

Et le Seigneur de Caluoisin premier Escuyer, le dernier, portant l'armet Royal, couuert du mantelet Royal de veloux pers, semé de fleurs de lis d'or traict, fourré d'hermines mouchetées, & couronné d'une courõne close.

Et n'est à omettre que tous les dessusdicts Escuyers, estoyét habillez, & leurs cheuaux bardez de toile d'argét noire, enrichie de broderies d'argét aux deuises du Roy.

Les Seigneurs de Sedan & de sainct André Mareschaux de France, estoyent apres richement armez & parez de sayes de drap d'or frizé, bordez d'un large bord de satin cramoysi, couuert de grosses canetilles d'or, leurs cheuaux portans bardes pareilles.

A leur queue venoyent à pié les sommeliers d'armes dudict Seigneur, vestuz de sayes de veloux noir.

Suyuant eulx le cheual de parade du Roy, entierement couuert d'un grand caperasson de veloux pers, semé de fleurs de lis d'or traict, trainant en terre. Il portoit au costé droit de l'arson de sa selle, la masse dudict Seigneur Roy, & de l'autre part son estoc, & estoit ledict cheual mené par deux Escuyers d'escuyrie, allans à pié ainsi qu'il est de coustume.

Monseigneur de Boysi grand Escuyer de France marchoit apres, armé & mõté sur vn autre cheual du Roy, couuert de mesme capperasson que ledict cheual de parade: il portoit en escharpe l'espée de parade du Roy, & auoit les caualcadours à pié, aupres de luy.

Le Sire de Montmorancy premier Baron & Connestable de France, venoit consecutiuement, tenant l'espée de Connestable nue en la main, armé d'un harnois fort richement doré & labouré ; habillé par dessus d'un saye de drap d'or frizé, enrichy d'une bande large faicte à gros fueillages enleuez de toile d'argent, frizée, semée d'espées nues, & de fourreaux & ceinctures de veloux pers, enrichies de fleurs lis d'or, qui sont les deuises de Connestable, le reste de l'abillement de groz fueillages enleuez de toile d'argent frizée, & estoit monté sur vn braue coursier portant bardes pareilles à son saye.

LA maiesté du Roy precedée par tous les dessusdicts, estoit soubs vn ciel de veloux pers, semé de fleurs de lis d'or traict, à franges de mesmes, couuert de ses armes, chiffres & deuises, qui fut porté premierement par quatre Escheuins de la ville, depuis la porte dudict sainct Denys, iusques deuant l'Eglise de la Trinité: & dela iusques deuant l'Eglise de sainct Leu sainct Gilles, par les quatre gardes de la draperie de ladicte ville, seconds en ordre, qui le mirent es mains des quatre maistres Espicies, lesquels le porterent depuis icelle Eglise de sainct Leu sainct Gilles, iusques à sainct Innocent: ou les Merciers

ciers le receurent, & depuis le deliurerét aux Pelletiers, qui s'en acquiterent iusques deuant le Chastellet: & la les Bonnetiers le vindrent prendre pour en faire leur deuoir iusques à sainct Denys de la chartre, ou ils le deliurerét aux Orfeures, qui le porterent iusques à nostre Dame, & encores depuis iusques au Palais.

Ledict Seigneur estoit armé d'un harnois blanc, poly subtilement, & delicatement graué, surgetté d'or dans la graueure, qui luy donnoit diuers lustres, & paré par dessus d'un saye de drap d'argent frizé, excellent & fort riche, garny d'un bord large de frizós faicts de canetille d'argét, à ses chiffres & deuises, le demourant du sayé decouppé & r'ataché de boutons & guippures d'argent, d'estrange & nouuelle façon, doublé d'une toile d'argent qui auec sa beauté rendoit vn grand esclat, sa ceincture estoit d'argent ferrée d'or, & la garniture de son espée tout de mesme, enrichie de plusieurs rubiz & diamans, son chapeau de satin blanc, couuert de canetile d'argét, auec vn pénache blanc, semé de grand nóbre de perles, & pour enseigne vn grand diamāt, auec trois perles pendātes, dót oultre l'excelléce & perfection de beaulté, la valeur s'en disoit inestimable. Il estoit monté sur vn beau & braue coursier blanc, bardé de mesme parure que son saye, & autant bien voltant & bondissant qu'autre que l'on ait iamais veu.

Ledict Seigneur auoit deuant luy ses laquaiz, habillez de pourpoints & chausses de toile d'argét, & apres eulx seze Escuyers d'Escuyrie, sans les deux qui menoyent son cheual de parade, reuestuz de sayes de toile d'argét bádez de bádes d'argét veloutées deverd. ils marchoyét

g

à pié, & portoyent tous botines blanches, & esperons dorez au pié, les haults de chausses & pourpointz de toile d'argent. A la queue desdicts Escuyers estoit l'un de ses portemanteaux, & deux huissiers de sa chambre, parez de robbes & sayes de veloux blanc, decouppez & r'atachez de boutons d'or, portans leurs masses.

Autour de sa personne sur les deux costez, estoyent à pié les vingtquatre Archers de la garde de son corps, auec leurs hallebardes & hocquetons blancs, faits d'orfeurerie, à la deuise dudict Seigneur. Et à sa dextre vn peu sur le derriere, marchoit Monseigneur de Longueuille, grand Chambellan, & à gauche Monseigneur le Duc de Guyse premier Chambellan, richemét armez & vestuz, à sauoir mondict Seigneur de Longueuille, de saye de toile d'argent, enrichy de diuers compartimens, fueillages, neuz de canetille, & cordons d'or, son chapeau & les bardes de son cheual de mesme.

Et módict Seigneur le Duc de Guyse, de saye de drap d'argent, couuert de croix de Hierusalem, auec diuers fueillages & compartimens de canetille d'or, & se r'apportoyét à sondict habillement son chapeau & les bardes de son cheual.

Le Roy passant en cest ordre, pompe, & magnificence, fut veu par les habitans de ladicte ville, auec vne ioye & allegresse incroyable, ainsi que en feirent foy les acclamations & prieres qu'ils luy faisoyét de lieu à autre, à haulte voix, de longue vie & prosperité. mesmes les estrangers surpris d'admiration de la singularité & richesse

chesse des choses cy deuant descrites, & encores beaucoup plus de la presence d'un si vertueux, magnanime, & accomply Prince, faisoyent publiquemét confession de sa grădeur. Et(qui ne semble moins decét que louable en si excellent Roy)de la grace, dispositiõ, & adresse qui se representoit en sa personne, aussi perfecte que en autre Monarque qui ayt iamais esté.

Ledict Seigneur(oultre les autres choses grandes & dignes de perpetuelle memoire & recommădation qui furent veues en ceste entree) fut accompagné & suyui des Princes de son sang, & autres Princes qui s'ensuyuent, a scauoir de

Mõseigneur le Duc de Vandosmois le premier, ayắt à costé de luy Loys Monsieur de Vandosme son frere.

Suyuant eulx de Monseigneur le Duc de Montpensier, costoyé par Monseigneur le Prince de la Roche suryon son frere.

Monseigneur le Duc de Nemours estoit apres tenant le milieu, à costé de luy à main droicte, Monseigneur le Duc de Niuernoys, & à gauche Monseigneur le Duc d'Aumalle.

Monseigneur le Marquis Dumaine venoit consecutiuement, ayant au dessus de luy Monseigneur le Cheualier de Lorraine, & au dessoubs René Monseigneur de Lorraine ses freres.

Les derniers furent Monseigneur de Rohan au mi-

g ii

lieu, à costé droit Monseigneur le Duc d'Atrye, & à gauche Monseigneur le Duc de Some, qui sont deux Princes estrangers.

Tous les dessusdicts Princes (que leur grandeur & louable vertu rend agreables & recómandez à vn chacun) estoyent parez de harnois riches & exquiz, s'il y en à au monde, & de sayes de draps ou toiles d'or & d'argent, couuerts de tant de sortes de compartimés, fueillages, & neuz de canetilles d'or & d'argét, chacun selon ses deuises, que la braueté & richesse sans l'enrichissement des pierreries, perles, boutons, & fers d'or qui estoyent dessus, & iusques aux bardes mesmes de leurs cheuaux, estans de la mesme parure que le demourant de leursdicts habillemens, en estoit incroyable.

A leur queue estoit Monsieur de Canaples Cheualier de l'ordre, Capitaine d'une des bédes des cét Gentils hómes de l'hostel du Roy, et le seigneur de sainct Cire, lieutenát de Mõseigneur le grád Escuyer, capitaine de l'autre desdictes bádes, ayans à leur suyte les deux cés gétils hommes, auec armet en teste, & la lance sur la cuisse, parez dessus leurs harnois de sayes de velours noir, faitz à broderie de toile d'argent, & satin blanc, aux chiffres & deuises du Roy, les bardes de leurs cheuaulx de mesme.

Aprés estoyét les SS. de Chauigny, Estrée, & la Ferté, trois Capitaines des gardes. Et quant au Seigneur de Lorges capitaine de la garde Escossoise, qui eust esté le premier, il marchoyt deuant auec les Cheualiers de l'ordre. Lesdicts trois capitaines estoyent habillez de leurs hocquetons tous couuerts d'orfeurerie d'or, & auoyent

uoyent fuyuant eulx leurs lieutenants, enseignes, & les quatre cens archers de la garde, armez comme lesdicts deux cés gentils hommes, & estoyent reuestuz par dessus de leurs hocquetõs d'orfeurerie à la deuise du Roy. A leur queue suyuoyent les pages desdicts gentils hommes & archers, suyuiz de dix archers de la garde, qui furent laissez sur le derriere pour garder qu'il n'y eust aucun desordre.

Le Roy en l'ordre, compagnie & magnificence que dessus, entra dedans sa bonne ville & cité de Paris, capitale de son Royaume, par la porte sainct Denis, & chemina par la rue qui va de ladicte porte, au Chastellet, & dela par le Pont nostre Dame, iusques à l'Eglise nostre Dame: & par les rues (oultre le plaisir qu'il eut de la singularité des ouurages & deuises qui estoyét aux arcs de triũphe & autres spectacles cy deuant d'escripts, & de la diuersité des instrumés qui sonnoyét esdicts lieux durãt tout le iour de ladicte entree) il trouua lesdictes rues tendues de riches tapisseries, les fenestres & ouuroers des maisons couuers de grãs & beaux tappiz veluz, & rempliz d'un nombre incroyable de dames, damoiselles, bourgeoises, gétilz hommes, officiers, & gens d'estoffe & apparence habitans de ladicte ville, & iusques sur les couuertures des maisons, ou partie des spectateurs, pour n'estre les maisons capables d'une si grãde multitude de persónes que celle qui y estoit, auoyét esté contrainctz de se retirer, sans le peuple infiny qui estoit par lesdictes rues, si serré, toutesfois que durãt ladicte entrée il ne se feist iamais aucũ desordre ne cõfusió.

Le Roy estant paruenu en ladicte eglise nostre Dame

descendit pour y aller faire son oraison, ainsi qu'il est de bône & louable coustume, & fut suyui seulement des Princes & Cheualiers de l'ordre qui l'accópagnerét en ladicte eglise. Et à fin que pendant ce téps il n'entreuint aucune cófusion, les deux cens gentils hômes, & quatre cens archers s'arresterét sur le pốt Nostre dame, iusques à ce que le Roy fut de retour de ladicte eglise, & passé iusques à la rue de la Calãdre, pour gaigner le Palais, à l'entrée duquel y eut deuant les grãds degrez de la pierre de marbre encores vn arc triũphal à double ouuerture de l'orde. de Corinthe dont les collonnes furent canellées iusques à la tierce partie respõdãte deuers l'empietemẽt qui estoit toute plaine et argẽtée, mais par dessus reuestue de brãches de laurier. Sur le piedestal de celle du milieu iaspé cõme ses collateraulx seoit vne Minerue de relief tant exquise en sa forme, que si elle eust esté telle en Ida, le berger Phrygien n'eust adiugé la pómme d'or à Venus: toutesfois elle estoit vestue en deesse digne de grande veneration. dessoubs ses pieds auoit vn tas de liures pour dóner à entẽdre qu'elle est tresoriere de sciéce: & de sa main gauche espraignoit sa mamelle droitte dót il sortoit du laict, signifiant là doulceur qui prouient des bônes lettres: en sa main droicte elle tenoit des fruicts, cõme aduertissãt vn chacũ, que iamais biés ne faudrõt à tous ceux qui s'efforcerõt de deseruir sa grace.

Ie ne vueil pas en cest édroict particularizer les mẽbrures de cest arc, n'y declairer leurs enrichissemens, d'autãt que la figure est pour cela: mais bien vueil dire que sur les bouts de la cornice estoyẽt seãtes deux harpyes auec chacune un flambeau en sa griffe, dont la fumée sailloit plus odorãte que de beniouyn, ou d'oyselletz de cypre. Dessus le sode entre ces deux harpyes y auoit deux tref belles Nymphes vestues à l'antique, tenantes amont vn

chapeau de Laurier, pour paremét des escuz du Roy, & de la Royne, enuironnez l'un de son ordre, & couróné d'une tiaire imperiale, & l'autre d'une cordeliere sortát de dessoubs une couronne Royale. L'une de ces Nymphes accostant l'escu du Roy portoit vne buccine cóme pour aduertir le móde, que du triumphe de ce puissant Monarque sera perpetuelle renommée par tous les climats de la mer & de la terre. Pareillemét la suauité sortát des vases posez sur les extremitez du sodé, alloit parfumer la demeure des dieux, lesquels pour retribution donnerót infalliblemét perpetuele felicité au Roy & au Royaume. Les flács de l'escalier estoyét aussi bié garniz de colonnes regnátes iusques au plan par ou l'on entre en la gallerie qui meine en la grand salle, & dessus se leuoit vn berseau d'ouurage topiaire, entrelassé & enrichy des armes auec les deuises non seulemét de sa maiesté treschrestienne, mais auec ce de son espouse: chose qui donnoit grád contentemét de veue à tous ceulx qui passoyent par dessoubs, cóme en pareil faisoyent les festons pendans aux costez, & soustenás les armoyries de Messeigneurs les Daulphin, & Duc d'Orleans, esperáces de ce Royaume. Par c'est escalier iceluy Seigneur accópagné des Princes de son sang, & Seigneurs dessus nómez, mótá en son Palais, qu'il trouua paré & accoustré, non seulement de belles & riches tapisseries, mais aussi d'autres singularitez infinies. La fut fait le soir en la gráde salle dudict Palais le souper Royal, dót l'ordre tát de l'assiette que du seruice fut tel qui sensuit: Sur le milieu de la table de marbre qui est en ladicte grád salle fut tédu vn doz de veloux pers, semé de fleurs de lis d'or traict, soubs lequel fut posée la chaize ou s'assist le Roy pour souper. A sa main droicte Mósseigneur le Cardinal de Bourbó, comme Prince du sang, & tenant son reng de leglise fut assis, & au dessoubs de luy du mesme costé Monseigneur le reuerendissime Cardinal de Védosme, aussi comme Prince du sang, & tenāt son reng de legli se: à main senestre dudict Seigneur, Mōseigneur le Duc de Vandosmois. Au dessoubs de luy Loys Monsieur de Vendosme son frere, Mōseigneur le Duc de Montpensier apres, & Mōseigneur le Prince de la Roche suryon son frere, le dernier. De l'autre costé de la table demeura debout Monseigneur le Connestable, lequel durant le soupper tint son espée de Cōnestable nue en la main deuant le Roy. Et quant au seruice, Monsieur le Mareschal de sainct André seruit de grand Maistre, au lieu de mōdict Seigneur le Cōnestable, Mōseigneur le Duc de Guise de panetier, Mōseigneur de Nemours d'eschā son, Monseigneur de Neuers de varlet trenchant. & fut la viande portée par les gētils hommes de la chambre.

Au dessoubs de ladicte table de marbre à main droicte tirant iusques à la porte de la salle des merciers, fut dressée une autre table ordonnée pour les autres Princes, Ambassadeurs, & Cheualiers de l'ordre. De l'autre costé de ladicte salle à main gauche, depuis la chambre du plaidoyé tirāt à la chapelle, pour la Court de Parlement, Chābre des comptes, Generaux des aides & autres. & à l'opposite de l'autrepart, depuis la porte de la dicte salle des merciers, allant cōtre bas vers la porte des petitz degrez, pour le corps de la ville.

Le Roy seiourna audict Palais iusques apres l'entrée de la Royne, l'ordre de laquelle à semblé deuoir estre adiousté à la fin de la presente, pource que la plus part des magnificences en dependent, dont la repetition ne seroit que vne longue redicte. FIN.

Sensuit l'ordre de lentree
DE LA ROYNE.

LE dixhuictieme iour dudict mois de Iuin, la Royne estant arriuée le matin au Prieuré Sainct Ladre, marcherent au deuant d'elle les quatre ordres Mendianes, les Eglises: les gens de pié esleuz des dixsept mestiers: les menuz officiers de ville: les archers, haquebutiers & arbalestiers: le Preuost des Marchans, Escheuins, & Conseillers de ladicte ville: le Cheualier du guet: les sergens à pié, & fiefez: les notaires, les commissaires, & les sergens de la douzaine: le Preuost dudict Paris, auec ses Lieutenants: les gens du Roy, & Conseillers, & les aduocats & procureurs du Chastelet: les sergens à cheual: les generaulx des monnoyes, & des aides: Messieurs de la chãbre des Comptes, & de la Court de Parlement, en la mesme ordonnance & parure qu'ils auoyent faict le dimanche precedant au deuant du Roy: reserué ledict Preuost de Paris, lequel estoit en armes à l'entree dudict Seigneur, & fut au deuãt de ladicte Dame, en robe de drap d'or frizé sur champ cramoysi rouge, enrichy de pierreries, & boutons d'or, monté sur vne mulle enharnachée de harnois de velours cramoysi, couuert de grans & larges passemens d'or, la housse de mesmes: & estoit deuant luy l'un de ses Escuyers monté sur un braue cheual d'Espagne richement enharnaché, & entre ledict cheual & ledict Preuost deux de ses pages, & autãt de ses lacquaiz, habillez de velours tané, leurs accoustremés

A

enrichiz de broderies des couleurs dudict Preuost.

Les enfans de la ville qui auoyent le iour de l'entrée du Roy chemises de maille, porterent ce iour là tous pourpoints de satin blanc decouppé: & mesmes les aucuns d'eulx changerent d'accoustremens, & furent habillez de sayes de veloux blanc decouppez, & r'apportez auec vne infinité de boutons, & grains d'or.

Il y eut aussi grand nombre de ceulx des dixsept mestiers, Imprimeurs, Sergens, & autres qui chágerét d'accoustremés, & mesmes le Preuost des marchás fut vestu ce iour là de robbe mipartie de veloux cramoysi de haulte couleur, & de veloux tané, l'ayant portée le iour de l'entrée du Roy de veloux cramoysi brun, & veloux tané, son saye aussi qui estoit ledict iour de satin cramoysi, estoit de veloux tané figuré.

Tous les dessusdicts, ayans trouué ladicte Dame sur le mesme eschauffault qui auparauant auoit esté preparé pour le Roy, accópagnée de plusieurs Princes, Princesses, Seigneurs, & Dames, & mesmement de Messeigneurs les Connestable, & Chancellier de France, luy feirent la reuerence, ainsi qu'il est de bonne, & louable coustume.

Et apres luy auoir faict proposer par les principaulx d'entre eulx leurs harengues, s'en retournerét en la ville en pareil ordre qu'ils en estoyent partiz.

La ville incontinent apres salua ladicte Dame de la mesme quantite d'artillerie qu'elle auoit faict le Roy: & cela faict, quelque interualle de temps apres, marcherent

rent ceulx qui estoyent de sa compagnie.

Et premierement l'un des Preuosts des Mareschaulx de France nommé Claude l'Hoste, auec ses Lieutenant Greffier & Archers.

Apres les pages des Gentils hommes, Seigneurs & Princes, montez sur cheuaulx de seruice braues, & richement enharnachez : mais pour plus grande magnificence, d'autre parure que le iour de l'entrée du Roy.

A leur queue les Preuosts de l'hostel auec leurs Lieutenās, le Procureur du Roy, leurs Greffiers, & leurs Archers portans leurs hocquetons d'orfeurerie.

Et eulx passez, vindrent les gētilz hommes des Princes, Princesses, Dames, & grans Seigneurs qui accompagnoyent la Royne, & suyuant eulx grād nombre de Gentilz hommes, la plufpart gentils hommes seruans, & Escuyers d'escuyrie du Roy, habillez de robbes ou sayes de diuerses sortes de draps de soye, & differentes couleurs, enrichiz de broderies, & boutons d'or.

Apres les Gentils hommes de la chambre, & parmi eulx les Contes, Capitaines, & grans Seigneurs, les vns parez de robbes de drap d'or frizé, & les autres d'autres differétes sortes de draps d'or, d'argent, & de soye, la plufpart couuerts de pierreries, boutons, & fers d'or tous montez sur braues & gallans cheuaulx richement enharnachez.

Apres eulx marcherent les Audienciers de France, & commis du Côtrerolleur de laudience allans deuant

A ii

eulx les deux Maiſtres d'hoſtel & le ſecretaire de Monſeigneur le Châcellier, & ſuyuant leſdicts Audiencier & Contrerolleur, les Maiſtres des requeſtes de l'hoſtel du Roy veſtuz de robbes de ſatin noir, les deux huiſſiers de la châcellerie apres à pié, veſtuz de robbes de veloux cramoyſi violet, portans leurs maſſes au poing.

Monſeigneur le Châcellier les ſuyuit ſans le ſeau, habillé de robbe de toile d'or figuré ſur champ cramoiſy rouge, ſa mulle enharnachée de harnoys de veloux noir frâgé d'or, la houſſe de meſme, & auoit à ſes deux coſtez quatre de ſes lacquaiz habillez de veloux noir, & apres luy ſes deux eſcuyers.

Apres vindrét les Ambaſſadeurs reſidés pres la perſonne du Roy, aſſauoir celuy de Ferrare, qui fut accompgné de Monſieur leueſque de Bayeulx.

Les trois Ambaſſadeurs de la ſeigneurie de Veniſe vindrent apres luy, ſuyuant l'autre: le premier accompagné de Monſieur l'Eueſque d'Eureux: le deuxieme, qui eſtoit habillé à la Venicienne d'une grande robbe longue de veloux cramoyſi de haulte couleur, & par deſſus d'un camail de damas cramoyſi, fermé ſur leſpaule gauche à groz boutons d'or, eſtoit accompagné de Monſieur l'Eueſque de Terouenne: & le troiſieme de Monſieur l'Eueſque de Rennes.

L'ambaſſadeur d'Eſcoſſe fut apres, accompagné de Monſieur lEueſque de Clermont.

A ſa queue l'Ambaſſadeur du Roy d'Angleterre, accompagné de Monſieur l'Eueſque de Montdeuis.

Suyuant

Suyuāt luy l'Ambaſſadeur de l'Empereur, accompagné de Monſieur l'Eueſque de Chartres.

Apres l'Ambaſſadeur du Pape, le dernier, accompagné de Monſieur l'Arceueſque de Vienne Primat.

Et fault noter que tous les deſſuſdicts Eueſques & Arceueſques eſtoyét reueſtuz de leurs rochets, chappes, & chapeaux paſtoraulx.

Leſdicts Ambaſſadeurs paſſez, vindrét les cent Suyſſes de la garde du Roy, & deuant eulx le filz aiſné de Monſieur le Mareſchal de la Marche, Capitaine de ladicte garde, tenant le lieu de ſondict pere, en la meſme parure, & ordonnance qu'ils auoyent faict à l'entrée du Roy.
Apres les phiffres, & trompettes, ſonnás de leurs inſtrumens. Et à leur doz les Heraulx d'armes, reueſtuz de leur cottes d'armes.

Apres eulx marcherent deux pages d'honneur de la Royne, nues teſtes: le premier portant le manteau de ladicte Dame, & l'autre le coffret aux bagues, habillez de toile d'argent, & leurs cheuaulx couuerts de meſme iuſques en terre.
Suyuāt eulx eſtoit le premier Eſcuyer de ladicte Dame, habillé de veloux blanc decouppé, & r'apporté de boutons & fers d'or, monté ſur vn cheual blanc, auſſi couuert de toile d'argent comme les deux autres.

Le cheual de crouppe de ladicte Dame venoit apres, vn page de la meſme parure que les deux autres deſſus,

A iii

& estoit ledict cheual blanc, & tout couuert de toile d'argent frizée trainant iusques en terre : la housse & la planchette qui estoit par dessus de mesme parure.

A sa queue la hacquenée de parade blãche, toute couuerte aussi iusques en terre de toile d'argent frizée: la housse pardessus de mesme, & estoit menée par deux Escuyers de ladicte Dame, habillez de robbes de veloux blãc, & sayes de toile d'argẽt, & les pãs de ladicte housse portez par deux pages habillez de toile d'argent.

Cela passé marcherent les pages de ladicte Escuyrie habillez de blanc & verd, qui sont les couleurs de ladicte Dame, tous à pié.

Apres eulx les deux cent Gentilshommes de la maison du Roy, reuestuz de robbes de diuerses sortes, portans chacun leurs haches en la main, & marchans à pié deux à deux en bien bonne ordonnance.

A leur queue les Seigneurs de Boysi & de Canaples, leurs Capitaines, ayans leurs grans ordres au col, & eux tresrichement parez.

Apres les laquaiz de ladicte Dame, tous habillez de toile d'argent.

Monsieur le Preuost de Paris qui estoit paré cõme il est dict, vint apres & vn peu deuãt la litiere de la Royne monté sur sa mule.

Monseigneur de sainct André Cheualier d'honneur de ladicte Dame estoit sur la main gauche de ladicte litiere

tiere habillé de toile d'argent, môté fur vn cheual blāc, ayāt fon harnois & la houffe de mefme parure que fon accouftrement.

Monfeigneur le Conneftable comme grand Maiftre de France portant en fa main le bafton de grād Maiftre, enrichi d'or à deuifes, eftoit fur la main droicte plus pres de ladicte Dame, môté aufsi fur vn cheual d'efpagne trefrichemēt enharnaché, & luy habillé de robbe de drap d'or frizé.

Suyuant luy deux huifsiers de chābre de ladicte Dame à pié portās leurs maffes au poing, veftuz de veloux blanc.

La Royne venoit apres dedās vne litiere defcouuerte, dont le fons par le dedās & par le dehors eftoit couuert de toile d'argent trainant en terre, les mulets qui la portoyent, tous couuerts de toile d'argent frizée auffi trainant en terre, & les deux pages qui eftoyent deffus, & menoyent ladicte litiere habillez de toile d'argent les teftes nues.

Ladicte Dame eftoit habillée de furcot d'hermines couuert de pierreries de grāde excellence & ineftimable valeur, de corfet & manteau Royal, portāt fur fa tefte vne courōne enrichie d'infinies perles & pierreries, & auoit viz à viz delle à l'autre bout de fa litiere Madame Marguerite accouftrée & parée de furcot, corfet, & māteau ducal: & eftoyēt les enrichiffemens tels que lon peult penfer conuenables & feants à fi grādes & vertueufes Princeffes. Aux deux coftez de la litiere de la Royne marchoyēt quatre Cardinaux reueftuz de leurs rochets, aſſauoir Meſſeigneurs les reuerédiſsimes Cardinaux d'Amboiſe & de Chaſtillon les premiers, vn peu plus auant que ladicte litiere. Et ſuyuant eulx aux deux coſtez de ladicte Dame, Meſſeigneurs les reuerendiſsimes Cardinaux de Boulongne & de Lenoncourt.

Ioignant ſadicte litiere eſtoyét quatre de ſes Eſcuyers d'Eſcuyerie marchans à pié, tous habillez de robbes de veloux blác, & ſayes de toile d'argét, & au tour de ladicte Dame les vingt quatre archers de la garde du corps du Roy, reueſtuz de leurs hocquetons blács, faicts d'orfeurerie à la deuiſe du Roy.

Au deſſus de ladicte Dame eſtoit vn poiſle de drap d'or frizé, frangé de ſoye cramoyſie rouge, la creſpine de deſſus de fil d'argent, aux armoiries de ladicte Dame, & fut porté par ceulx meſmes qui porterent celuy du Roy.

Ladicte Dame eſtoit ſuyuie de Madame la Ducheſſe Deſtouteuille Conteſſe de Sainct Pol, accompagnée de Loys Monſieur de Vandoſme la premiere.

La ſeconde, Madame de Montpenſier laiſnée, accompagnée de Móſeigneur le Duc de Mótpenſier ſon filz.

La troiſieme Madame de Montpenſier la ieune, accópagnée de Móſeigneur le Príce de la Rocheſuryó.

Madame la Princeſſe de la Rocheſuryon qui eſtoit la quatrieme, & deuoit eſtre accópagnée de Móſeigneur de L'ongueuille, fut conduite par Monſeigneur le Duc de Guyſe grád pere de módict Seigneur de Lógueuille.

Et

Et Madame la Duchesse de Guyse la cinquieme, par mondict Seigneur le Duc de Longueuille, en la place de mondict Seigneur le Duc de Guyse son grand pere.

La sixieme fut Madame la Duchesse de Nyuernois la ieune, accópagnée de Móseigneur le Duc de Nemours.

La septieme Madame d'Aumalle, accompagnée de Monseigneur le Duc de Nyuernois.

La huictieme Madame de Valentinois, accompagnée de Monseigneur le Duc d'Aumalle.

La neufieme Madamoiselle la Bastarde, accópagnée de Monseigneur le Marquis Dumaine.

La dixieme Madame la Cónestable, accompagnée de Monseigneur le Cheualier de Lorraine.

Et la derniere, Madamoiselle de Nemours, accompagnée de René Monseigneur de Lorraine.

Et fault noter que toutes lesdictes Princesses & Dames estoyent montées sur hacquenées blanches, enharnarchées de toile d'argent, & elles habillées de surcots d'hermines, corsets, manteaux, & cercles de Duchesses, & Contesses. Les queues de leurs manteaux estoyent portées par leurs Escuyers, marchans à pié apres elles tous vestuz de veloux ou satin blanc, & chacune d'elles suyuie de deux lacquaix de mesme parure, ayás lesdictes Dames leursdicts surcots enrichiz de grand nombre de pierreries, reserué les veufues qui portoyent leurs accou

B

ſtremens ſans aucun enrichiſſement.

Suyuant elles marcha Madame la Mareſchale de la Marche, dame d'hōneur, treſrichement veſtue, accompagnée de Monſeigneur de Rohan.

Apres elle Madame la Mareſchale de Sainct André, accōpagnée du Seigneur de Lorges, Cheualier de l'ordre, & l'un des Capitaines des gardes.

Madamoiſelle la baſtarde d'Eſcoſſe la troiſieme.

Madamoiſelle de Breſſures la quatrieme.

Madamoiſelle d'Auaugour la cinquieme.

La Signore Siluia, fille aiſnée du Conte de la Mirande la ſixieme.

La Signore Fuluia ſa ſeur, la ſeptieme.

La Conteſſe de Sainct Aignan la huictieme.

Madame d'Achon la neufieme.

Madamoiſelle de Clermont la dixieme.

Et Madamoiſelle de Humieres la derniere.

Leſdictes Dames & Damoiſelles eſtoyent accompagnées de Cheualiers de l'ordre, & parées de robbes de toile d'argent enrichies d'infinies perles & pierreries, toutes montées ſur haquenées blanches enharnachées & houſſées de meſme parure.

Les ſuſdictes Dames paſſées, vindrent trois chariots branſlans l'un ſuyuant l'autre, menez chacū par quatre cheuaulx blancs enharnachez de toile d'argent, & les charretiers veſtuz de meſme parure: leſdicts chariots eſtoyent couuerts ſeulement par le hault de toile d'argēt enrichie de houppes d'argēt, & le bois rouages, limons, & tout ce qui depend deſdicts chariots, argenté d'argēt fin. En chacun deſquels chariots eſtoyēt ſix Damoiſelles

les de ladicte Dame, toutes reueſtues de toile d'argent.

Suyuant leſdicts chariots eſtoyent les Capitaines des gardes, auec leurs Lieutenās, enſeignes, & guidõs, auec tous les Archers de la garde montez à cheual, reueſtuz de leurs hoquetons d'orfeurerie à la deuiſe du Roy.

La Royne en la pōpe & magnificence que deſſus, entra dedans ladicte ville de Paris, & paſſant par la porte & rue de Sainct Denys, & dela par le pōt noſtre Dame, qu'elle trouua en la meſme parure qu'ils eſtoyēt le iour de l'entrée du Roy, vint à l'Egliſe Noſtre dame, ou elle deſcēdit pour y faire ſon oraiſon, & auec elle aucūs Princès, Mōſeigneur le Chācelier, & quelques vns des Cheualiers de l'ordre, & des Dames, Madame Marguerite. Et pour porter la queue du manteau de la Royne Madame de Montpenſier laiſnée, Madame de Montpēſier la ieune, & Madame la Princeſſe de la Rocheſuryon.

Quant à celle de Madame Marguerite, elle fut portée par Meſſieurs de la Trimouille & de Montmorancy: & celles de mes Dames de Montpenſier laiſnée, de Montpenſier la ieune, & de la Princeſſe de la Rocheſuryon, par les Contes & grans Seigneur ordonnez pour cela.

Ladicte Dame ſon oraiſon acheuées ſ'en alla au Palais, ou à la deſcente la queue de ſon manteau luy fut auſſi portée par mes Dames de Vandoſme, de Sainct Pol, & de Montpenſier laiſnée: & celles des manteaux deſdictes Dames par Contes, & autres grans Seigneurs deputez pour ce faire.

Le ſeoir fut fait le ſoupper Royal auec les cerimonies & ſolennitez cy deſcriptes.

B ii

Ladicte Dame qui fut assise au mesme lieu que auoit esté le Roy le iour de son entrée, & soubs vn doz de veloux pers semé de fleurs de lis d'or, auoit assis à sa main droicte Monseigneur le reuerendissime Cardinal de Chastillon, & au dessoubs de luy les Ambassadeurs cy deuant nōmez en leur ordre: A sa main gauche mes Dames de Vandosme, de Sainct Pol, de Montpensier lainée, de Montpensier la ieune, Princesse de la Roche suryō, de Guyse, de Neuers laisnée, & de Neuers la ieune, d'Aumalle, & de Valentinois, Madamoiselle la Bastarde, Madame la Connestable, Madamoiselle de Nemours, & Madame la Marquise Dumaine.

Monseigneur le Cōnestable seruit audict soupper de grand Maistre, Loys Mōsieur de Vādosme de panetier, Monseigneur de Montpensier d'eschanson, & Monseigneur le Prince de la Rochesuryon d'escuyer trenchāt: & porterent la viande les gentils hommes de la chambre du Roy.

Quant aux autres tables elles furent ordonnées comme le iour de lentrée dudict Seigneur, & sans autre difference, sinon que celle qui seruit à ladicte entrée pour aucūs des Princes, & les Cheualiers de l'ordre, fut pour les autres Dames & Damoyselles qui auoyent tenu rāg à ladicte entrée.

Le lendemain ladicte Dame alla oyr la messe en l'Eglise Nostre dame de Paris, ou le Preuost des marchans accōpagné des Escheuins, Greffier, Conseillers, & plusieurs des enfans de la ville, la vindrēt treshūblemēt supplier, de leur faire ceste grace d'aller disner en vne grāde salle de salle de la maison de Mōseigneur le reuerendissime Cardinal du Bellay, qui estoit parée pour cela, ce que ladicte Dame liberallement accorda:& pour ce faire mōta par vn escalier beau & riche à merueilles, commenceant des l'issue de la porte d'icelle eglise, & regnant cōme vn pont iusques au logis de mōdict Seigneur le Cardinal. Ou estant arriuée, auec plusieurs Princesses, Dames & Gentils hommes, se prindrent à contēpler la beaulté de ladicte salle, pour les belles painctures dont elle estoit noblement decorée. C'estoyent les figures des dieux & deesses qui se trouuerēt aux nopces de Peleus & Tethis, pere & mere du grand Achilles. Entre ces figures colloquées soubs le rabat, surquoy pose la couuerture de la salle, faicte en hemicycle, estoyent de singulierement beaux paisages, tant bien representans le naturel, que ceulx qui les regardoyent, & auec ce les gestes de plusieurs personnages s'esbatans à tous les ieux ausquels la venerable antiquité se souloit auec pris exerciter, perdoyent la souuenance de boire & de manger.

Ie ne m'occupe point apres les compartimēs mignotez de grotesques, dont ces pieces estoyēt bordées, mais tant y a que leur inuention se monstroit si plaisante, qu'on n'en pouuoit retirer la ueue.

Dessoubs cela pendoit iusques à terre vne riche tapisrie de haulte lisse, pareillement à personnages, qu'il faisoit merueilleusement bon veoir, & enuironnoit tous les quatre flancs de la salle, qui s'en pouuoyēt tenir à biē parez.

Sur ce rabat seoit vn lacunaire, ou plācher plat, à parquets de morefques, dorées & diuerfifiées de maintes couleurs, foubs rofaces d'or, embouties tant au milieu que fur les quatre coins, qui veritablement donnoyent vn grand efclat, ioint que cefdicts parquets à lendroit de leurs commiffures, eftoyent garniz de feftons de lierre, dont la verdeur ne pouuoit finon rendre plaifir & delectation.

Tel eftoit l'ornement de la falle preparée pour ladicte Dame, laquelle quand bon luy fembla, print l'eau pour lauer, & puis fe mit à table auec les Princeffes du fang: ou elle fut feruie de toutes les viades exquifes que produifoit nature en la faifon. Et tint le Preuoft des marchans pour ce iour le lieu de fon Maiftre d'hoftel, eftant fuyui à l'afsiette des plats, par les Gétilshommes & officiers de la maifon d'icelle Dame: qui fe trouua grandement fatisfaicte du bon deuoir qu'il feit en la feruant.

Quant aux Dames tant de fa fuytte, que de Paris, elles f'afsirent toutes à d'autres tables expreffement pour ce dreffées du lóg des murailles de la falle: & furét feruies par les Efcheuins, Greffier, & principaulx officiers d'icelle ville, ayans apres eulx pour porter les viandes, les enfans des principaulx marchãs, veftuz des habits qu'ils auoyent portez à lentrée.

Durãt le difner & lafsiette de tous les mets & entremets, fut ioué de trópettes & clerons & autres inftruments de mufique. Et apres le difner le Roy qui auoit voulu afsifter en perfonne à ce feftin, & ladicte Dame eurent le plaifir du bal & autres danfes qui fe firent en ladicte falle.

Quant

Quant aux preſens qui furent faicts par les Preuoſts des marchás & Echeuins de ladicte ville au Roy & à la Royne, ainſi qu'il eſt de louable & ancienne couſtume, ie ne m'eſtudiray point à en faire autre particuliere deſcription, mais chaſcun pourra entendre, que oultre le grand pris & valleur dont ilz eſtoyent, louurage en fut ſi beau & excellent, & principallement de celuy qui fut preſenté au Roy, qui ne meritent moins que d'eſtre mis entres les autres manufactures que l'antiquité nous à laiſſées en recommandation.

Le Roy & la Royne ſeiournerent vn mois en leur maiſon des Tournelles, & ce pédant ce feirét en la grád rue Sainct Anthoine pluſieurs iouſtes & tournois. Et fault entédre qu'aſſez pres de la voye par ou ló tourne à l'egliſe ſainct Pol, Meſſieurs de la ville auoyét faict faire vn grand Arc triumphal, en maniere d'H, dont les colonnes qui ſeruoyét de iábages, furét de la facon Dorique, toutes reueſtues de trophées ou deſpouilles antiques, portant chacune trois pieds & vn quart de diametre, deſſoubs vingt & quatre de haulteur, auec leurs baſes & chapiteaux garniz de moulures conuenables, ſi ſongneuſement obſeruées, que la meſure meſme n'euſt ſceu eſtre plus iuſte. Ces colonnes eſtoyent aſſiſes deſſus deux piedeſtalz de dix pieds en haulteur, & de neuf pieds d'eſpois, faiſans la profondeur de l'Arc, & ſeruans de coſtez ou flancheres à l'ouuerture de la grád porte, ayant douze bons pieds de large, par ou l'on entroit dans la liſſe, dont le linteau conſtitué au lieu trauerſant de l'H, fut en maniere de cornice, ſur quoy poſoyent deux Victoires de relief, belles, & veſtues en vrayes Nymphes, tenát chacune ſa palme d'vne part, &

B iiii

souſtenant de lautre vn grand Croiſſant d'argent, d'enuiron huit pieds de diametre, poſé contre vn fons noir, entre les cornes duquel eſtoyét les armes de ſa maieſté, richement eſtoffées,& garnies du tout ce qu'il y appartenoit. Deſſus les chapiteaux de ces colonnes y auoit deux grans Plinthes quarrez, oultrepaſſans la circunference du tailloer, de plus d'un grand pié en tous ſens: & la deſſus eſtoyent à cheual vn Belgius & vn Brennus, de ſi belle ſculpture, que les antiques meſmes ſe feuſſent contentez d'auoir faict auſſi bien. leurs noms eſtoyent eſcrits cótre la face du quarré qui regardoit deuers les liſſes, de quatre vingts neuf toiſes d'eſtédue, ſur huit & demie de large, du coſté de ſainct Pol, mais de douze en celuy des Tournelles, & dans chacũ des ſtylobates, s'appliqua vne table ou fut eſcrit, a ſcauoir ſoubs le Belgius, GALLO TOTIVS ASIAE VICTORI, MEMORES NEPOTES. & en l'autre de Brenus, EVROPAE DOMINORVM GALLO DOMITORI, VINDICES GALLI TROPHAEVM EREXERE.

Droit au milieu du plat fons du linteau, faiſant le deſſus de la porte, y auoit vne Cartoche antique, dedás laquelle ſe liſoit tel quatrin,

Les phalanges de Grece, & legions Romaines,
Ployerent ſoubs le faix de noz puiſſans efforts:
Sire, auſsi ployeront les plus fins & plus fors,
Deſſoubs voſtre prudéce & force plus qu'humaines.

A la premiere face de c'eſt arc regardát vers Saincte Catherine du val de Eſcolliers, ſur la ſaillie des piede-

MARS

stalz, estoyent vn Mauors portant pour son mot, MARS GALLORVM DEVS, & vn Dis, qui disoit, DIS GALLORVM PATER, si bien ouurez; que leurs contenance incitoyent à bien faire les hommes d'armes arriuans au tournoy, ioinct aussi que sur le claueau de la grand porte, par dessoubs lequel ils passoyent la lance sur la cuisse, deux Victoires toutes pareilles aux precedentes, faisoyent desirer à chacun renommée en cheualerie.

Aux costez d'icelle H, y auoit deux eschauffaulx, chacun de quatre toises en longueur, & de trois en haulteur, ou estoyent Messieurs de la ville pour veoir les ioustes à leur aise. & dessoubs eulx estoyent deux portereaux par ou le peuple pouuoit passer. Mais à main gauche deuant le milieu des lisses regnoit cestuy la de la Royne & des Dames, lequel auoit dixhuit toises de long, & neuf pieds en largeur, garny d'une restraincte à deux estages, portât six toises de mesure, & vingt pieds en haulteur: dessus laquelle estoit vn sode d'enuiron quatre pieds de montée, enrichy d'architraue frizé & cornicé: mais pour l'amortissement du dessus, il y auoit vne H appuyée de deux K K, & ennoblie d'un croissant au milieu, droittement posant sur sa barre. Deux semblables estoyét à costé des arboutás, y appliquez pour enforcir l'ouurage. mais pour la commodité il y auoit vn escalier seruant à monter de l'estage de bas à cestuy la de hault: & du mesme costé regnoit vn pont de xiiii. toises en longueur, dessus huit pieds de large, venant du logis d'Angoulesme iusques audict eschauffault de la Royne.

Au flanc de la main droitte, contre la maison communement appellée le beau treilliz, fut basty vn autre eschauffault de treze toises en longueur, sur neuf de large, portant vingt pieds de hault, ordonné pour le Gouuerneur de Paris, ensemble pour Messeigneurs les Iuges du Tournoy, auec les Ambassadeurs dessus nommez: mais sur le deuāt à l'endroit ou estoyēt les Iuges, y auoit vn autre eschauffault pour les Heraulx d'armes, contenant quatre toises de long sur quatre pieds de large en saillie.

Plus au bout du cāp uers la premiere entrée, y auoit une barriere ou se rengoyent les hommes d'armes, & à costé vn petit eschauffault, ou estoit vn Herault, lequel appelloit les iousteurs pour aller faire leur deuoir.

Mais pource que le tout ne se pourroit exprimer en painčture, que ce ne feust par trop grāde curiosité, vous aurez icy lecteurs seulement le desseing de ceste porte.

Au trauers de la rue depuis le coing des Tournelles, s'estendoit vne merueilleuse Arcade, faicte par le commandement & ordonnance de la maiesté du Roy, en extreme perfection de beaulté, dont pour ne me rendre par trop prolixe, ie ne specifiray les particularitez, mais les remettāt au iugement que la veue en pourra faire, apres auoir mis l'oeil sur le pourtraict en passant ie diray, que par dessus la circunferéce des trois portes dont elle estoit accommodée, a scauoir d'vne grande au milieu, & deux moindres à ses costez, estoit erigée vne grande salle à la mode Francoise, garnie de croisées à vitres, chose si tressuperbe & excelléte, qu'on la pouuoit à bon droict appeller vray ouurage de Roy, & ce tesmoignera son vmbre icy presente.

FIN.

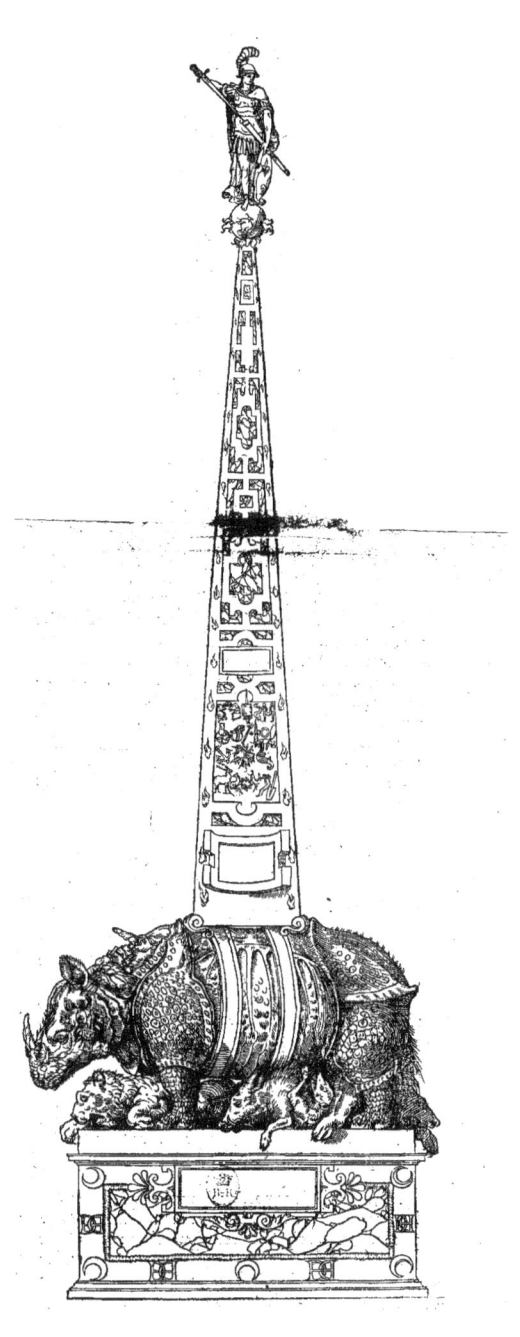

www.ingramcontent.com/pod-product-compliance
Lightning Source LLC
LaVergne TN
LVHW052108090426
835512LV00035B/1330